幼儿园食育主题课程的
探索与实践

黄岩 著

中国石油大学出版社
CHINA UNIVERSITY OF PETROLEUM PRESS

山东·青岛

图书在版编目（CIP）数据

幼儿园食育主题课程的探索与实践 / 黄岩著.

青岛 ：中国石油大学出版社，2024. 10. -- ISBN 978-7-5636-8396-3

Ⅰ．G613.3

中国国家版本馆 CIP 数据核字第 2024U6T635 号

书　　名：幼儿园食育主题课程的探索与实践
　　　　　YOUERYUAN SHIYU ZHUTI KECHENG DE TANSUO YU SHIJIAN

著　　者：黄　岩

责任编辑：刘平娟（0532-86983561）
责任校对：张　凤（0532-86983563）
封面设计：孙晓娟（0532-86981529）

出　版　者：中国石油大学出版社
　　　　　　（地址：山东省青岛市黄岛区长江西路 66 号　邮编：266580）
网　　址：http://cbs.upc.edu.cn
电子邮箱：jichujiaoyu0532@163.com
排　版　者：济南海讯图文有限公司
印　刷　者：沂南县汇丰印刷有限公司
发　行　者：中国石油大学出版社（电话　0532-86983437）
开　　本：710 mm × 1 000 mm　1/16
印　　张：15.25
字　　数：260 千字
版印　次：2024 年 10 月第 1 版　2024 年 10 月第 1 次印刷
书　　号：ISBN 978-7-5636-8396-3
定　　价：45.00 元

食育，指的是通过各种饮食观念、营养知识、饮食安全、饮食文化等的教育，以及多种多样的烹饪、耕种等体验，获得有关"食"的知识和选择"食"的能力，培养人与自然和谐共处的意识，培养有传统饮食文化理解力、良好饮食习惯、能过健康饮食生活的人。

食育是以饮食为核心的教育，必须立足于幼儿的真实生活，解决现实问题，为幼儿的终身健康奠定基础。同时，食育涵盖食物与人的方方面面，从吃什么到怎么吃，从了解食物到养成好的饮食行为和习惯，乃至通过饮食发展与人的交往能力，了解人与自然的关系，通过烹饪实践操作体验家务劳动，学习与饮食相关的必要生活技能，最终达到以生活来做教育并使教育回归生活的目的。食育的基本理念是"一日生活即教育"，其本身并不是为了教育，而是为了生活。

3～6岁是饮食习惯形成的关键时期，在这个阶段内进行科学的食育，能影响人的一生。幼儿园一日生活皆课程，可以围绕饮食这一中心议题，组织开展一系列食育活动，让幼儿自主观察、探索、实践。当然，教师要适时地给予支持和引导。

食育主题课程的生成，要以日常生活中的观察和不同年龄段幼儿的发展情况为基础，重视基于儿童本位的认识与思考，以有效解决幼儿在饮食方面存在的真问题，满足他们生活的实际需要，使他们在生活中体验到获得感。

食育既是真切的生活教育，又是深沉的生命教育，更是真实的社会教育。在幼儿园一日生活中，处处蕴含着教育契机，食育主题课程的生成更多地源于幼儿的兴趣。

目录

第一章　食育主题主题课程架构的源起

第一节　我国儿童饮食健康现状

2017 年,《中国儿童肥胖报告》中指出,我国儿童肥胖率正在以成人3.44 倍的速度逐年递增。2019 年至 2021 年,我们幼儿园 700 名幼儿的肥胖率由 1.1% 增长到 4.6%,并呈现持续上升趋势。越来越多的儿童因肥胖、超重、营养过剩而出现健康问题,幼儿的饮食行为习惯呈现出不健康的态势,挑食率与偏食率在逐年增加。同时,奶茶、炸鸡、色素饮料等不健康食物对幼儿产生了极大的诱惑,在一定程度上影响了幼儿对食物选择的偏好,长此以往,便会导致幼儿的饮食观出现问题,不利于幼儿健康发展。因此,我们应该重视食育,科学规划幼儿饮食结构,培养幼儿健康的饮食行为和习惯,促进幼儿养成健康的生活方式,为增强我国国民素质、促进人的全面发展创造前提条件。

从 2019 年国家印发《国务院关于实施健康中国行动的意见》开始,到《中国居民膳食指南（2022）》《中国食物与营养发展纲要（2021—2035 年）》等文件的出台,我国逐步确立了以合理膳食推动健康中国建设的发展思路。《幼儿园教育指导纲要（试行）》和《3—6 岁儿童学习与发展指南》在健康领域目标中都提出了培养幼儿良好的饮食习惯,对幼儿进行营养教育,使其不偏食、不挑食、不暴食等目标要求。所以,在幼儿园阶段实施食育主题活动,对于推动幼儿健康饮食观念和习惯的建立以及终身健康具有重要作用。

第二节　学校食育研究现状

在当今全球化时代背景下，饮食教育已成为各国教育体系中的重要组成部分，其发展现状呈现出多元化与深入化的趋势。从国际视野来看，部分国家已经形成了较为完善的食育体系。从儿童到成人，食育贯穿于各个年龄段的教育之中，如通过举办丰富多彩的活动、推广校园菜园计划、建立公共厨房等方式，积极推广食育理念，提高学生对饮食健康的认知。我国也在不断探索创新，力求实现学校食育的跨领域融合与个性化发展。一方面，我国开始关注食育与传统文化、美育等领域的结合，试图通过挖掘传统饮食文化的内涵、融入生活美学的理念等方式，丰富食育的内涵与外延；另一方面，各地区也根据自身的区域特点，推出了各具特色的食育课程与活动，旨在通过个性化的食育课程，满足不同学生的需求，促进学生的全面发展。因此，积极开展食育课程研究，对于丰富学校食育课程内容、发挥食育课程育人的作用具有重要影响。

第三节　幼儿园食育主题课程研究现状

食育已逐渐成为教育体系的重要组成部分。在幼儿园阶段，我国的食育课程虽然处于探索阶段，但已经展现出鲜明的自下而上的课程特点与蓬勃的活力。自 2009 年郑州一批幼儿园首次引入食育理念以来，我国幼教领域便开始了对食育课程的积极尝试与探索。多年的实践不仅丰富了教育内容与教育形式，还在提升国民健康素养、传承优秀饮食文化等方面发挥了积极作用，为我国幼儿园食育课程的建设提供了宝贵的范例。但食育主题课程研究更加倾向于群体的发展与教育，缺乏针对不同年龄段幼儿年龄特点和学习特点设计的个性化的食育主题课程以及实施策略。因此，制订适合各年龄段幼儿的食育活动方案，明确学段食育目标，形成系统的、易于操作的食育主题课程实施路径和指导策略成为本书的切入点和突破点。

第二章　食育主题课程理念的理论基础

第一节　陶行知生活教育理论

陶行知认为："教育的根本意义是生活之变化。生活无时不变，即生活无时不含有教育的意义。""生活即教育"是陶行知生活教育理论的核心内容。陶行知认为，生活与教育是密切相连的，生活不能脱离教育，教育也不能脱离生活，二者相辅相成、相互促进。生活的内容决定了教育的内容，教育的内容也应取决于生活的需要。食育主题活动来源于幼儿的基本生活，也归于幼儿的日常生活。此外，陶行知还提出了教学做合一的教学方法，强调教与学都以做为核心，注重从实践中发现教育的真知。食育主题课程应该"从实践中来，到实践中去"，引导幼儿在食育探索中，亲近自然，了解食物，亲身体验制作美食的过程，并与他人分享美食。

第二节　陈鹤琴活教育理论体系

活教育理论体系是陈鹤琴先生在实践中构建的比较完整的教育体系。陈鹤琴先生指出："活教育的目的就是做人，做中国人，做现代中国人。"做人是活教育的起点。食育主题课程始终遵循以幼儿为中心的思想，从幼儿本身出发，组织促进幼儿全面健康发展的主题活动。活教育课程论主张"大自然、大社会都是我们的活教材"。自然是活教材，大社会也是儿童的世界，这一切实际问题都是儿童的活教材。本书的研究从自然中来，并回归自然，让幼儿在农耕活动中亲近自然、感知自然，认识周围的自然事物和自然现象，发现植物生长的奥秘，在自然环境中获得自然而然的发展。此外，活教育方法论指出，要"做中教，做中学，做中求进步"。这一点强调了实践的重要性，以幼儿的主动性代替被动性，以幼儿的积极性代替消极性，组织鲜活且富有生命力的主题活动，促进幼儿主动、自觉且富有创造性地学习。

第三节　中华优秀传统文化

五千年的中华文明，孕育了博大精深的中国饮食文化。中国饮食文化因为传承而被人们认识，更需要年轻一代的继承与发扬。《礼记·礼运》中说："夫礼之初，始诸饮食。"民以食为天的中国讲究饮食，但中国人的饮食并非局限于一日三餐，而是包藏着独特的文化意蕴，春耕、夏耘、秋收、冬藏，饮食与季节、耕种之间的关系体现了人与自然的和谐共处。老子在《道德经·第六十章》中提出了"治大国，若烹小鲜"的政治理论，可见饮食并不是为了简单地满足口腹之欲，它已经上升为一种修身治国的思想与哲理。《礼记·内则》中说道："子能食食，教以右手。"中国是礼仪之邦，饮食有礼有节，"食"在中国的文化中不仅是满足味蕾的需求，还寄托着风俗与礼仪文明。

饮食中还蕴含着人与自然、社会、国家、礼仪的和谐与平衡，蕴含着每个中国人都应该了解和传承的文化自信与民族自信，而学龄前是文化启蒙的最佳时期。

第三章 食育主题课程的价值追求

第一节 生活化、自然化、儿童化食育主题课程理念

主题活动是实施食育主题课程的最佳途径。随着幼儿园课程改革的不断推进和教师课程观、儿童观的更新，主题课程已从幼儿的兴趣和需要出发，从生活实际出发，以培养幼儿独立解决问题的能力、积极开朗的性格为落脚点，逐步形成生活化、自然化、儿童化的主题课程理念。

一、打通食育领域壁垒

积极探寻幼儿自然发展和食育主题活动推进之间的平衡点，引导幼儿在自主探究、自主解决问题的过程中打通学前领域与中小学学科之间的壁垒。在关注幼儿自主发展和主题活动开发的同时，探索多学科融合的可能性，创造性地将生物学知识和物理学奥秘融入主题活动中，将了解种子结构、明白植物生长原理与制作肥料、探索农耕用具、自主发明和使用工具相结合，让幼儿以不同的视角考量食物，探寻食物的来源，建立学科素养来源于生活的思想认识，为今后的学习培养兴趣。

二、鼓励幼儿与自然对话

大自然本身就是课程。大自然的一草一木都对幼儿有着巨大的吸引力，幼儿喜欢在大自然中探索、发现和感知。应充分利用地域环境和人文生态，让幼儿从自然中来到自然中去，鼓励幼儿积极地与自然对话。还应建立以二十四节气为启示的食育文化，引导幼儿在食育探索中了解节气美食，亲身体验制作节气美食的过程，并与他人分享节气美食。同时，还应顺应儿童发展的客观规律，再次回归自然，让幼儿在农耕活动中亲近自然、感知自然，认识周围的自然事物和自然现象，发现植物生长的奥秘，了解种植工具的作用与原理，发现种植活动中的数学知识等，在自然环境中获得自然而然的发

展。此外，还应引导幼儿对食物产生感恩之心，感恩自然的馈赠，这样有利于增强幼儿保护生态环境和节约粮食的意识。

三、探索活动的多种样态

"儿童的视角"强调儿童能用自己的眼睛看，能用自己的耳朵听，能用自己的头脑想，能用自己的双手做，能对自己的生活、游戏和学习提出自己的设想，进行自主设计和决策。在食育主题活动推进过程中，我们应贯彻"以儿童为本"的理念，从幼儿出发，让幼儿用眼睛观察食物的外形，用耳朵聆听食物的故事，用心灵感受饮食文化，在主动探索和认识中产生对食物的认同感。同时，还应从幼儿愉悦的感受出发，通过让幼儿喜欢食、乐意食，推动幼儿健康饮食习惯的养成，让幼儿在亲身体验、丰富联想中最大限度地发挥身体与头脑的相融性，进而在食育主题活动中进行创造性学习。

第二节 层次化食育主题活动架构

食育主题课程应遵循层次化的研究思路，以食育主题目标为建构基础，在目标中渗透五大领域融合的教育理念，从知、情、意、行多个方面进行设定，推动食育主题目标合理化、全面化。同时，食育主题课程还应以食育主题活动的目标为指引，参照饮食行为、食物科学和饮食文化等内容进行分类，研究和设计适合各年龄段幼儿发展的主题内容，最终形成层次分明的食育主题活动架构。

一、"生活六食"食育主题活动目标框架

依据《幼儿园教育指导纲要（试行）》《3—6岁儿童学习与发展指南》和《幼儿园保育教育质量评估指南》的精神，本书的研究打破了传统的目标设定壁垒，从食育本身出发，针对幼儿发展需要设定主题活动目标。

食育是以饮食为核心的教育，所以食育主题活动必须立足于幼儿的真实生活，解决现实问题，为幼儿的终身健康奠定基础。同时，食育涵盖食物与人的方方面面，从吃什么到怎么吃，从了解食物到养成好的饮食行为和习惯，

乃至通过饮食发展与人的交往能力，了解人与自然的关系，通过烹饪实践操作体验家务，学习与饮食相关的必要生活技能，最终达到以生活来做教育并使教育回归生活的目的。食育的基本理念就是"一日生活即教育"，其本身并不是为了教育，而是为了生活。因此，我们从食知、食行、食礼、食文、食操、食农这六个方面来搭建食育主题活动目标框架。

（1）食知：指与食物相关的知识，要了解食物的分类、营养、味道、外形等。内容有《我和蔬菜宝宝的故事》主题中的《你好，叶菜宝宝》《探秘蔬菜宝宝》，以及《发现味道》主题中的《春天的味道》《营养搭配我知道》。

（2）食行：指饮食行为和习惯，要养成良好的饮食卫生习惯、自主取餐进餐习惯和餐后整理习惯，能正确把握进餐速度、时长和顺序。内容有《我是光盘小宝贝》主题中的《啊呜，我会吃》，以及《我是文明小食客》主题中的《一餐吃多少》《一餐吃多久》。

（3）食礼：指我国餐桌礼仪文化，要了解我国餐桌礼仪文化，掌握长辈优先、不乱加菜、安静进食的基本礼仪，并能正确使用餐具进餐。内容有《我是光盘小宝贝》主题中的《全都吃光啦》。

（4）食文：指我国饮食传统文化，要了解我国多样性、地域性、节日性、时令性饮食文化的特点，对我国饮食文化建立认同感。内容有《我是文明小食客》主题中的《农庄品尝会》，以及《发现味道》主题中的《味道中的营养》。

（5）食操：指食物的烹饪与制作，要通过观看、实践操作，逐步了解食物烹饪的流程与方法，体验烹饪的乐趣。可以在任意主题内容中列入食操的内容。

（6）食农：指播种、照料与收获，要认识部分农作物，了解农作物播种、管理、收获的方法，并亲自参与种植劳动，了解农作物的生长周期，懂得珍惜食物。内容有《种子奇遇记》主题中的《一起来播种》《花花和芽芽》，以及《开心农庄》主题中的《开荒小能手》《播种忙呀忙》。

二、儿童视角的食育主题活动内容

食育主题课程的生成更多地源于幼儿的真问题和真天性，始终遵循"生活、自然、儿童视角"的理念，摒弃了单一的活动形式、单一的领域构建模式，从实际出发，关注主题活动的广度和深度。在这个过程中，既有教师的预设，又关注活动过程中的生成，为幼儿提供与同伴、成人以及自然环境互动的机会，充分发挥幼儿在主题活动中的主动性，鼓励幼儿参与食育主题活动的建构和经验的传递，让食育主题活动真正成为"孩子的课程"。

本书着重论述了小班、中班、大班3个学段共6个主题课程，主要内容可划分为三个层次，分别是饮食行为、食物科学和饮食文化，并进一步以幼儿生活的需求、生活认同感以及健康饮食观为出发点，开展了具体的主题活动。同时，在食育活动开展过程中，随时都可能有新的食育元素出现。因此，在实际活动中，我们也抓住了其中蕴含的教育契机，灵活变通，提前预设好活动目标，形成了更多的动态生成的食育主题活动内容，具体见下表。

食育主题活动内容

饮食行为	食物科学	饮食文化
餐前准备	食物认知	餐前礼仪
餐具使用	食物营养	餐具使用时的礼仪
餐后整理	农作物种植	进餐时的礼仪
爱惜节约	食物加工与制作	进餐后的礼仪

1. 主题内容贴合幼儿生活需求

饮食自理能力是幼儿饮食情况的重要指标，关系着幼儿的行为规范。但是目前幼儿的饮食自理能力较差，仍存在较为明显的问题。所以，从提升饮食自理能力的现实角度出发，我们确立了饮食行为主题内容，比如中班的《我是文明小食客》，并确立了指向幼儿呈螺旋上升式发展的结构性主题目标和主题推进内容，以求帮助幼儿养成良好的饮食行为习惯，促使幼儿更加健康地生活。

2. 主题内容贴合生活认同感

幼儿的挑食、偏食问题比较普遍。挑食不仅容易造成幼儿营养失衡，影响幼儿身体的正常发育，还存在影响幼儿心理健康的潜在风险。所以，要以建立幼儿对食物的认同感为基点，让幼儿认识并喜欢上食物，接受部分食物独特的味道。同时，还应该引导幼儿在感知和操作的过程中辨识食物的功能，学习如何种植、加工和烹饪食物，并意识到食物来之不易。在主题活动开展过程中，幼儿会逐渐对食物产生更为客观的认识，从而采取正确的态度来对待食物，自然而然地改善偏食行为。特别是小班幼儿，他们不喜欢吃鸡蛋、豆制品、绿叶蔬菜这三类食物。针对幼儿不喜欢的这三类食物，我们采取的方法是，让幼儿深入探究、接触和了解这三类食物的原形，引导幼儿喜欢上这三类食物的原形，再通过制作、品尝激发幼儿吃的欲望，从而解决他们的偏食问题。《我和蔬菜宝宝的故事》《种子奇遇记》《发现味道》就是解决幼儿偏食问题的食育主题课程。也就是说，幼儿饮食存在的实际问题就是我们食育主题课程应该探究的问题，通过亲密接触解决饮食真问题，体现了食育主题课程来源于幼儿的真实生活。

3. 主题内容贴合健康饮食观

幼儿阶段是幼儿身心发育的关键时期，正确的食育观能够给予幼儿正确的引导和帮助，促进幼儿形成健康的饮食观念，从而确保幼儿健康成长。食育主题课程的开展，主要以培养幼儿饮食习惯为核心，以维护幼儿终身健康为出发点，结合幼儿的身心发展规律和中国传统文化，将健康的食育观贯彻到每一个主题活动中，如小班的《我是光盘小宝贝》、中班的《我是文明小食客》、大班的《发现味道》等主题课程。在这一过程中，幼儿不仅可以积累饮食文化知识，还可以提升对食物的辨别能力，树立健康饮食观。

在小班的主题课程《我是光盘小宝贝》中，为了引导幼儿真正形成爱粮惜粮、健康饮食的观念，可以开展幼儿喜爱的光盘打卡活动，引导幼儿自主记录自己每天的午餐光盘情况。为了保证主题活动效果的延续与持久，让光盘真正成为幼儿的习惯，光盘打卡活动在主题活动结束后仍然进行，持续开展。这样，光盘的观念渗透进幼儿心中，并持续落实在幼儿三年的幼儿园饮食中，形成了长效机制，幼儿逐渐形成了光盘意识，明白了不挑食、不浪费才是健康的生活方式。

在中班的主题课程《我是文明小食客》中，我们围绕幼儿的饮食习惯，通过多种方式引导幼儿了解了一餐吃多少以及一餐吃多久，帮助幼儿明确了取餐量、进餐量、进餐速度与身体健康的关系。例如，在信息交流区放置"进餐的秘密"标识，在图书阅读区投放《肚子里的火车站》等绘本。

在大班的主题课程《发现味道》中，我们引导幼儿结合地区、季节、节气等相关要素，主动探索合理搭配食物的方法，培养幼儿顺应时令健康饮食的意识。例如，在信息交流区投放五色食物调查表，引导幼儿记录自己查阅、了解到的有关五色食物的知识；投放《中国居民平衡膳食宝塔（2022）》，帮助幼儿了解膳食营养的搭配，形成均衡饮食等健康饮食观念，提高幼儿的健康认知。

第三节　多模态食育主题活动实施路径

3～6岁的幼儿正处于感觉动作学习阶段和知觉动作统合阶段，能够通过感官和动作学习来感知和认识世界。基于此特点，我们应抓住"可参与""可操作""可探究"这三个关键词，探索以幼儿自主探究为主的多模态食育主题活动范式。在主题课程理念的指引下，通过多种途径支持幼儿在日常生活中直接感知、实践操作和亲身体验，自主开展认识应季食材、播种应季农作物、探索多种育苗方式等主题活动，鼓励幼儿在参与食育主题活动的过程中按照自己的想法去探究、去操作。

一、教师视角下"发现—放权—支持"的主题活动推进模式

在主题活动实施过程中，以幼儿为中心，积极推进活动模式的建构，最终形成"发现—放权—支持"的主题活动推进模式。具体表现为：教师发现幼儿的已有经验，依据此经验调整主题活动内容，通过提问、情景回应等多种方式再现幼儿经验，将思考和探究的机会和时间充分放权给幼儿。在此过程中，教师要提供合适的支架，帮助幼儿将主题活动中习得的经验进行再度迁移与整合，以形成新的认知经验。在此过程中，幼儿实现了思维的转化与发展、经验的迁移与运用。因此，此过程对幼儿全方位的发展具有积极的影响。

大班《发现味道》主题课程中，幼儿对食物营养和幼儿园食谱中的食物搭配有了更多的了解，形成了对食物营养和食谱的初步认知。在此基础上，教师可以通过实物呈现的方式帮助幼儿回顾经验，鼓励幼儿根据积累的经验自主设计幼儿园一周食谱，并分别在大班、中班、小班进行介绍和推荐，让全园幼儿投票推选出营养搭配最合理、味道最满意的一周食谱，并在下一周使用，让幼儿感受到将探究获得的经验转化为实际生活所需的自豪感。

二、儿童视角下"感知—体验—操作"的主题活动推进思路

要形成儿童视角下"感知—体验—操作"的主题活动推进思路，应在日常生活中与幼儿互动，引导幼儿自主感知并发现感兴趣的、有疑问的问题，鼓励幼儿运用多种方法探索问题中的"是什么""为什么""怎么做"，尝试

寻找解决问题的方法并大胆付诸实践。在此过程中，幼儿可以通过自己的操作和探究得出结论，在培养探究精神和独立解决问题能力的同时，进一步培养思辨能力。

例如，在中班幼儿种植土豆的过程中，教师首先要引导幼儿自主感知和发现"土豆种植需要什么条件"（用块茎播种，且要按芽眼将土豆切成块状）。在幼儿了解了问题的前提下，教师再让幼儿自由讨论与探究具体的种植方法。有的幼儿认为已经冒出的小绿芽是土豆的根，要将它向下埋在土里；有的幼儿认为已经冒出的小绿芽是土豆发的小芽，应该让它向上露出土；有的幼儿认为要将土豆块茎整个埋进土里……在这个过程中，教师要鼓励幼儿按照自己的想法积极实践，对于表现突出的幼儿，教师要及时地给予回应，让幼儿在实践中发现种植土豆的最佳方法。幼儿的猜想天马行空，这一过程给予了幼儿自由探索的机会，为幼儿埋下了科学探究的种子。

三、资源整合思路下"环境创设—教学生成—游戏融合"的主题活动推进策略

生活处处皆教育，教师将食育主题活动和一日生活相结合，形成了"环境创设—教学生成—游戏融合"的主题活动推进策略。根据幼儿的年龄特点，综合健康、社会、艺术、语言、科学五大领域，创设适合幼儿感知的主题情境，开发适合不同年龄段幼儿的一日主题活动，让主题活动融入幼儿游戏和生活中，使幼儿在潜移默化中进行学习。

在中班的《种子奇遇记》主题课程中，教师创设了多样化的环境。在科学发现区投放水培植物，让幼儿直接观察与感知种子的根茎与种子生长的关系；在美工制作区创设"小菜园"，让幼儿通过动手操作模拟种子的生长过程。除此之外，我们还在户外开辟了小农庄，通过沉浸式播种、除草、浇水、施肥、收获，使幼儿获得农耕的相关知识，增加了生活经验，学会与自然和谐共处。

在小班的《我是光盘小宝贝》主题课程中，教师营造了光盘的良好心理氛围，使教育渗透在幼儿园一日生活的每个环节，通过形式不同的活动向幼儿传递了光盘行动的重要性。在区域活动中，教师将爱粮、惜粮、节粮的美好品德植入游戏，让幼儿获得了直接经验；在户外活动中，让幼儿亲身观察与体验从播撒种子、照顾植物、收获到参观保育阿姨做饭的全过程，从而使

幼儿了解了每一粒粮食都来之不易；引导幼儿在进餐环节进行实践，将光盘意识付诸实际行动。

四、全员共建思路下"合作—调研—参与"的主题活动管理模式

良好的主题活动的开展离不开良好的主题活动管理模式。

首先，应建立食育科研小组，形成由园长担任第一责任人，保健小组与科研小组高效引领，班级教师具体实施，卫生保健人员与厨房工作人员积极参与，办公室人员和后勤人员做好辅助工作，幼儿、家长人人参与的全员食育主题活动管理模式。小班《我和蔬菜宝宝的故事》主题，我们在设计和实施主题活动的过程中，由教研组长带领全体教师共同研讨、确定活动时间和活动方案，有效利用家长为本次活动提供的资源保障，在确定幼儿自主研究所需的食材后，由教研组长向采购小组申请采购食材，班级教师与幼儿参与食物制作，最后的烹饪与烤制则由厨房工作人员全权负责，实现了全员协调一致、共同推进的管理模式。

其次，在主题活动开展前，面向全体参与对象积极开展调研，以调研结果为依据，有针对性地确定活动的具体目标与形式，实现主题活动的科学化。在大班《发现味道》主题的次主题《营养搭配我知道》中，幼儿根据自身喜好设计了菜谱，我们与卫生保健人员、厨房工作人员进行了沟通，在营养均衡的基础上，选择了适宜的主食与配餐，并将幼儿制作的食谱面向全园幼儿进行投票选拔，最终确定了园级食谱。

最后，我们在科学、系统地开展研究与实践的过程中，积极协调各层面人员，构建了人人支持的管理体系。教研小组与保健小组积极沟通每周食谱与主题活动同步过程中出现的问题和解决办法，共同推进新一周食谱的制定。午餐与加点的确定切实跟进食育主题课程研究内容，与主题活动做到同步推进，真正将研究落到实处，做到了理论与实践的结合。各级部教研主任、组长结合幼儿意见，带领本级部教师积极研讨并确定了食育主题活动，开展了各具特色的美食之旅，小班的蔬菜沙拉制作、中班的自制苹果派、大班的农庄品尝会等活动得到了幼儿的喜爱。同时，我们根据主题活动推进过程中发现的问题及时作出调整，如取餐工具的尺寸不合适，教研小组与保健小组积极沟通，与办公室人员相互配合，将各类餐具全部更换为适合儿童使用的尺寸，更好地满足了幼儿的需求。

第四章　食育主题课程案例

第一节　小班主题课程

主题一　我和蔬菜宝宝的故事

▌主题价值

新鲜的蔬菜为幼儿提供了丰富的营养，促进了幼儿身心健康发展。现在的幼儿大多喜欢吃肉类食物，对于蔬菜的接受程度远不及肉类或者其他食物高。对于生活在城市里的幼儿来说，蔬菜从哪里来或许是幼儿最感兴趣的问题。

《3—6岁儿童学习与发展指南》强调指出：幼儿园教育活动的组织应具有生活性和趣味性，支持幼儿在接触自然、生活事物和现象中积累有益的直接经验和感性认识。根据小班幼儿已有的经验，我们发现，幼儿在生活中会接触各种各样的蔬菜，并且他们对不同种类的蔬菜表现出了浓厚的兴趣。于是，我们从幼儿已有的饮食经验出发，开设了《我和蔬菜宝宝的故事》这一主题课程。

在这一主题课程中，我们围绕"做计划—亲实践—共再现—互分享"的思路，与幼儿共同感知、亲身体验和实际操作，一起在收获和品尝活动中，享受与蔬菜宝宝相处的美好时光。

▌主题目标

1. 知道根茎类、花果类、叶菜类等蔬菜的特点，了解不同种类蔬菜的食用部位。知道多吃蔬菜有助于身体健康，养成爱吃蔬菜的好习惯。

2. 能积极参加体育锻炼，掌握钻、跳、听信号跑的技能。

3. 能用比较连贯的语言，大胆地表述蔬菜对身体的好处。

4. 尝试模仿故事中角色的对话，大胆地进行故事表演。

5. 尝试与同伴合作收获蔬菜，并与同伴分享美味的蔬菜，感受丰收的喜悦，感受食物来之不易。

第一周　你好，叶菜宝宝

主题活动内容安排表

区域或活动	活动材料及关键活动
信息 交流区	叶菜宝宝我认识： 活动材料：各种叶菜和叶菜美食的图片。 关键活动：引导幼儿看一看、摸一摸、闻一闻，在交流过程中认识更多种类的叶菜，知道叶菜的营养价值，并愿意和同伴进行交流
图书 阅读区	经典绘本阅读： 活动材料：绘本《爱吃青菜的鳄鱼》《小种子，快长大》。 关键活动：引导幼儿学习逐页翻书，安静地看书，并用简短的语言讲述书中的内容
角色 扮演区	叶菜餐厅： 活动材料：叶菜、水果模型，刀具、餐盘，服装。 关键活动：引导幼儿分角色扮演餐厅中的厨师、服务员、客人等，了解不同角色的行为方式，体验和同伴一起玩角色扮演游戏的快乐
拼插 建构区	1. 叶菜宝宝。 活动材料：雪花片、叶菜图片、拼插步骤图。 关键活动：①引导幼儿观察叶菜的特征；②引导幼儿学习用一字插、环形插、组合插等方法拼插叶菜宝宝；③引导幼儿说一说自己拼插的是什么，是采用什么方法进行拼插的。 2. 小菜园。 活动材料：不同角度的小菜园的图片、大型泡沫积木、木质积木。 关键活动：①引导幼儿认真观察不同角度的小菜园的图片，了解小菜园的结构和布局；②引导幼儿运用直线平铺、间隔垒高的方法搭建小菜园，体验搭建的乐趣

续表

区域或活动	活动材料及关键活动
益智 游戏区	叶菜宝宝找一找： 活动材料：多种叶菜的对比图、叶菜情境图片。 关键活动：引导幼儿观察图片，找一找叶菜对比图中叶菜的相同点和不同点，找一找叶菜情境图中隐藏的叶菜宝宝，锻炼幼儿的观察能力和专注力
科学 发现区	种子成长记： 活动材料：叶菜种子、记录表。 关键活动：引导幼儿观察种子的生长情况，及时给种子浇水，并用喜欢的符号记录种子的生长过程
美工 制作区	1. 种子宝宝成长记。 活动材料：叶菜图片、种子生长图、画纸、油画棒等。 关键活动：引导幼儿了解种子宝宝的生长变化，学习运用平涂的方法表现种子宝宝的生长过程。 2. 生菜宝宝。 活动材料：生菜图片、卡纸、水粉颜料、海绵、印章等。 关键活动：引导幼儿观察生菜的特征，运用海绵、印章，采用拓印的方法表征生菜宝宝，交流自己是如何完成制作过程的，并按顺序说出自己的制作方法
音乐 表演区	小种子： 活动材料：《小种子》歌曲及歌曲图谱、表演服装、打击乐器等。 关键活动：①引导幼儿根据歌曲图谱，结合伴奏演唱歌曲；②引导幼儿根据表现形式自主选择打击乐器为歌曲伴奏，或者与同伴共同创编动作
教学活动	1. 种子嘟嘟的梦想（语言）。 2. 小种子（音乐）。 3. 我了解的芹菜宝宝（综合）。 4. 叶菜大不同（科学）。 5. 叶菜营养多（健康）
户外 体育活动	集体游戏：护菜小勇士。 分散活动：送礼物、蚂蚁搬豆

续表

区域或活动	活动材料及关键活动
生活活动	1. 引导幼儿学习有序叠被子。 2. 在早上来园、加餐等时段，播放轻松愉快的儿童歌曲，引导幼儿愉悦地参与活动
环境创设	布置"你好，叶菜宝宝"主题墙。 1. 布置叶菜宝宝图片展，引导幼儿感受绿叶蔬菜的生长环境，认识它们的种子，了解它们的生长过程，知道它们对身体的好处。 2. 投放各种各样的叶菜图片以及种子生长图，引导幼儿观察和交流有关叶菜生长的知识。 3. 投放各种各样的种子，引导幼儿通过看一看、摸一摸等方式发现不同种子的颜色、大小等特征，体验种子种类的丰富性
家园社区	1. 请家长带幼儿到菜市场认识常见的叶菜，如菠菜、油菜、茼蒿等。 2. 请家长和幼儿一起准备各种绿叶蔬菜美食，引导幼儿参与制作过程，品尝美食，进行拍照分享

教学活动一　种子嘟嘟的梦想（语言）

【活动目标】

1. 通过阅读绘本、倾听故事，理解故事内容。

2. 用自己喜欢的方式大胆表现种子的生长过程。

3. 感受与同伴合作表演的快乐。

【活动准备】

1.《种子嘟嘟的梦想》绘本及课件。

2. 种子、太阳、春雨、各种蔬菜、小花、小草、大树的头饰，种子实物。

【活动过程】

一、出示绘本故事图片，请幼儿进行想象

猜想导入：种子嘟嘟是一颗爱幻想的种子，它总是想象自己长大以后会变成很多东西。种子嘟嘟想变成什么呢？你们觉得种子嘟嘟能变成花和大树吗？如果不能变成花和大树，那它能变成什么呢？

二、出示绘本故事图片，完整讲述绘本故事

1. 讲述绘本故事。

提问：种子在生长过程中得到了谁的帮助？

小结：春雨和太阳。

2. 展示种子实物，让幼儿通过闻一闻了解种子的气味。

提问：春雨和太阳是怎么帮助种子的？种子在春雨和太阳的帮助下，发生了什么变化？种子嘟嘟最后变成了什么？

3. 打乱绘本故事图片的顺序，请幼儿重新给图片排序。

引导语：请你们按嘟嘟生长的过程给这几张图片排一排队。

4. 幼儿戴上各种头饰，扮演角色，学习表演。

三、看绘本故事图片，再次讲述绘本故事

提问：种子除了能长成花以外，还能长成什么？

小结：种子除了能长成花以外，还可以长成蔬菜、农作物。

四、活动延伸

1. 让幼儿回家后继续查找资料，看看种子和它们长大以后的样子。

2. 让幼儿和爸爸妈妈一起查找资料，看看哪些植物是有种子的，哪些植物是没有种子的。

3. 将《种子嘟嘟的梦想》绘本故事的图片彩打后投放在图书阅读区，请幼儿尝试看图讲述绘本故事。

附：故事

种子嘟嘟的梦想

种子嘟嘟有很多梦想，它想变成美丽的花朵，它还想变成挺拔的大树。可是它到底能变成什么呢？种子嘟嘟自己也不知道。寒冷的冬天，种子嘟嘟被泥土哥哥包裹起来，保护它不被小鸟吃掉，也不被虫子咬伤。春天来了，春雨姐姐给嘟嘟送来了雨水，嘟嘟欢快地喝了很多水，肚子鼓鼓的。太阳公公给嘟嘟送来了温暖的阳光，嘟嘟在壳里不停地长啊长。几天后，外壳突然"咔"的一声裂开了。原来是嘟嘟长出了白色的根，把外壳顶破了。嘟嘟强壮的根使劲地钻进坚硬的泥土里，越钻越深。它想看看外面的世界，就使劲地抬起头，用力地往上顶，终于从泥土里冒出了嫩绿色的小脑袋，这就是小苗。嘟嘟不停地长啊长，终于开出了美丽的花朵。花朵凋谢后又结出了果实，果实里藏着无数颗像嘟嘟一样的小种子。

教学活动二　小种子（音乐）

【活动目标】

1. 理解歌词内容，了解种子发芽和生长的过程。
2. 能根据歌词内容用动作表现种子发芽的过程。
3. 萌发热爱大自然的情感，体验种植的快乐。

【活动准备】

种子发芽的图片、《小种子》歌曲及歌曲图谱。

【活动过程】

一、谈话导入，吸引兴趣，引出主题

出示种子发芽的图片，吸引幼儿兴趣，引导幼儿了解种子发芽和生长的过程。

提问：你们知道种子是怎样发芽和生长的吗？请你们用动作把它表现出来。你们知道小树是怎么生长的吗？怎样用动作来表现小树生长的过程呢？

小结：我们可以用身体来表现种子发芽和生长的过程。小种子是非常顽强的，可以冲破泥土，茁壮成长。

二、引导幼儿学习歌曲，理解歌词内容

1. 范唱第一遍，引导幼儿感受歌曲欢快的旋律。

提问：听了这首歌，你们有什么感觉？小种子在做什么呢？

小结：这首歌听起来非常欢快。小种子在睡觉呢！我们来听一听是谁唤醒了它吧！

2. 范唱第二遍，引导幼儿理解歌词内容。

提问：是谁来敲小种子的门了？它和小种子说了些什么呢？

小结：春姑娘，把门敲。小种子，快来瞧，红太阳，当空照。

3. 出示歌曲图谱，范唱第三遍，引导幼儿根据歌曲内容用动作来表现小种子发芽的过程。

提问：歌曲中小种子发芽时做了一个什么动作呢？我们一起来做一做吧！

小结：小种子，伸伸腰，喝口水，往外跳。

4. 弹唱歌曲，引导幼儿跟唱。

5. 播放歌曲，引导幼儿跟随歌曲做相应的动作。

三、引导幼儿上台，用自然好听的声音演唱歌曲

1. 播放歌曲，引导幼儿自然地、有感情地演唱歌曲。

讨论：我们怎样唱才能更好听？

2. 提问：我们可以用什么样的动作来表现歌曲内容？

3. 男女生分组上台表演歌曲。

四、活动延伸

将种子发芽的图片、《小种子》歌曲及歌曲图谱投放到音乐表演区，引导幼儿在音乐表演区自由表演。

教学活动三　我了解的芹菜宝宝（综合）

【活动目标】

1. 了解芹菜的外形特点、生长环境和营养价值，知道芹菜是一种有益健康的食物。

2. 能与同伴交流吃芹菜的好处，尝试多吃芹菜。

3. 喜欢吃芹菜，养成吃饭不挑食的好习惯。

【活动准备】

1. 课件。

2. 芹菜实物。

【活动过程】

一、图片导入，激发幼儿已有的经验和兴趣

用课件出示芹菜图片，激发幼儿兴趣。

提问：今天我们来认识一位新朋友，让我们看看它是谁。

小结：原来是芹菜宝宝来我们班做客了，让我们一起来认识一下它吧！

二、与幼儿交流，引导幼儿了解芹菜的外形特点、生长环境和营养价值

1. 出示芹菜实物，引导幼儿观察芹菜的外形特点。

提问：让我们先来看看芹菜宝宝吧！它是什么样子的？

小结：芹菜有着细细长长的茎，茎表面有凸起的纹路。芹菜的叶子像羽毛一样排列在茎旁边，叶边缘是锯齿状的，闻起来有种特殊的味道。

2. 引导幼儿了解芹菜的生长环境。

引导语：让我们一起来看看芹菜宝宝生长在哪里吧！

小结：芹菜宝宝喜欢温暖潮湿、排水良好的环境，芹菜宝宝不耐旱。

3. 引导幼儿了解芹菜的营养价值。

提问：芹菜宝宝长这么高，你们知道芹菜有哪些营养价值吗？

小结：芹菜的营养价值很高。肝火过旺、皮肤粗糙者，以及经常失眠、头痛的人，可以适当地多吃些芹菜。芹菜有一种特殊的香味，这种香味能刺激人的味觉。将生芹菜去根洗净、榨汁，加一点儿蜂蜜，每天喝几次，能够清热降压。将芹菜和大枣配合食用，能降低胆固醇。将芹菜和番茄一起食用，还能清除体内毒素。

4. 引导幼儿了解芹菜制作的美食。

提问：芹菜有这么高的营养价值，所以人们特别喜欢用它来制作美食。你们知道哪些用芹菜制作的美食？

小结：用芹菜可以做美味的芹菜炒腐竹、腰果西芹、红烧芹菜等，我们在生活中要多吃芹菜。

三、指导幼儿创作与芹菜有关的作品

引导语：让我们一起画一画、涂一涂芹菜吧！可以根据老师讲解的制作步骤进行，有问题时可寻求老师的帮助。创作时，要保持桌面和画面整洁。

四、引导幼儿自由交流创作的作品

组织幼儿自由交流创作的作品，引导幼儿说一说创作过程。

教学活动四　叶菜大不同（科学）

【活动目标】

1. 知道常见叶菜的种类，了解不同叶菜的名称、形状。

2. 能够用自己的语言描述叶菜的异同点。

3. 愿意参与活动，体验观察和发现叶菜大不同的快乐。

【活动准备】

1. 课件。

2. 菠菜、油菜、莜麦菜、茼蒿、芹菜、甘蓝、小葱等的实物。

【活动过程】

一、情境导入，引导幼儿观察、认识叶菜家族

引导语：今天天气真好，我们一起去小菜园，看看有没有叶菜宝宝长大了。叶菜宝宝绿油油的，很漂亮，你们可以自由观察叶菜宝宝长什么样子。

提问：你们在小菜园里都看到了什么？它们叫什么名字？

小结：小菜园里有各种各样的叶菜，如菠菜、油菜、莜麦菜、茼蒿、芹菜、甘蓝、小葱等。

二、出示各种各样常见的叶菜，引导幼儿区分叶菜的异同点

引导幼儿根据观察结果进行分享交流。

提问：你们看到了哪些叶菜？它们长什么样子？有什么不一样的地方？（教师根据幼儿的分享，出示相应的图片并介绍叶菜的名字、形状和特点。）

小结：小葱的叶子像管子一样，中间是空心的。甘蓝，大大的、圆圆的叶子从心叶开始由内向外生出，互相卷抱，形成叶球状。菠菜叶可以分为尖叶和圆叶两种。尖叶种叶片的先端锐尖或钝尖，叶片薄而小；圆叶种叶片的先端钝圆或稍尖，叶片肥大，多皱褶。茼蒿的叶片狭长，为羽状深裂，叶色淡绿，叶肉较薄，分枝较多。油菜茎直立，分枝较少，叶片为长椭圆形，颜色深绿。莜麦菜的叶片呈长条形，色泽鲜绿，叶质细嫩，表面有一层细小的白色绒毛。

三、用课件出示叶菜的图片，引导幼儿辨别各种各样的叶菜

引导语：今天我们认识了各种各样的叶菜宝宝。这些叶菜宝宝藏在了图片中，你们能找到它们吗？你们是怎么找到叶菜宝宝的？

小结：叶子长长的，像管子一样的是小葱。叶子大大的，像圆球一样的是甘蓝。

四、组织幼儿玩叶菜小达人的游戏，巩固幼儿对叶菜的认识

将菠菜、油菜、莜麦菜、茼蒿、芹菜、甘蓝、小葱等叶菜放入不透明的箱子，请幼儿根据指令，通过触摸取出相应的叶菜。

教学活动五 叶菜营养多（健康）

【活动目标】

1. 认识油菜、生菜等常见的叶菜，知道吃叶菜对身体的好处。

2. 能运用多种感官感知叶菜的形状、颜色和味道。

3. 愿意吃各种叶菜，养成吃饭不挑食的习惯。

【活动准备】

1. 课件。

2. 油菜、香菜、生菜、莜麦菜等叶菜实物。

【活动过程】

一、谈话导入，激发幼儿参与活动的兴趣

组织幼儿说一说自己认识的叶菜。

提问：你们认识哪些叶菜？（教师请幼儿说一说自己认识的叶菜的名称。）

二、出示叶菜实物，引导幼儿认识常见的叶菜，了解常见叶菜的外形特征

1. 出示油菜、香菜、生菜、莜麦菜等叶菜，请幼儿仔细观察，引导幼儿了解这些叶菜的外形特征。

提问：你们观察的叶菜是什么？它们长什么样子？是什么颜色的？

小结：这些都是常见的叶菜。叶菜是以嫩叶、叶柄、嫩茎或幼嫩的植株等为食材的一类蔬菜，它们都有菜叶，很多叶菜都是绿色的。

2. 组织幼儿摸一摸、闻一闻叶菜，运用多种感官感知叶菜的不同特征。

提问：你们喜欢这些叶菜宝宝吗？用小手摸一摸叶菜宝宝，用小鼻子闻一闻叶菜宝宝，看看是什么感觉。

小结：叶菜宝宝摸起来凉凉的、软软的，有一股青菜特有的清香。

三、用课件出示叶菜的图片，引导幼儿了解叶菜丰富的营养

1. 用课件出示油菜、生菜两种叶菜的图片，引导幼儿探索这两种叶菜的营养价值。

提问：吃油菜和生菜对我们的身体有什么好处呢？

小结：别看叶菜宝宝小小的，但是身体里却蕴藏着大大的能量。油菜富含钙、维生素、胡萝卜素等，能防止骨质疏松，提高机体免疫力，降低血脂。生菜具有利尿、清热解毒的功效，还能辅助降低血糖和血脂。

2. 归纳总结叶菜的营养价值，提醒幼儿多吃叶菜，保持身体健康。

提问：吃叶菜有什么好处呢？

小结：叶菜富含维生素 C，吃叶菜能增强免疫力，减少口腔疾病的发生；有些叶菜富含胡萝卜素，可以很好地保护我们的眼睛。所以，我们要多吃叶菜。

第二周　探秘蔬菜宝宝

主题活动内容安排表

区域或活动	活动材料及关键活动
信息交流区	蔬菜的秘密： 活动材料：各种花果类、根茎类蔬菜的图片及实物，花果类、根茎类蔬菜生长的图片。 关键活动：引导幼儿了解花果类和根茎类蔬菜的名称和培育方法，并愿意与同伴积极交流
图书阅读区	经典绘本阅读： 活动材料：《蔬菜的秘密》《好喜欢吃蔬菜》《一园青菜成了精》《外公的菜园子》等绘本。 关键活动：引导幼儿学习逐页翻书，有顺序地观察画面，能用简单、较完整的语言和同伴交流绘本内容
角色扮演区	娃娃家： 活动材料：用餐礼仪的图片，蔬菜、水果模型，刀具，餐盘，服装。 关键活动：引导幼儿分角色扮演，通过洗菜、切菜、炒菜和摆盘等制作美味佳肴，招待小客人，体验和同伴一起玩角色扮演游戏的快乐，在游戏过程中养成良好的用餐习惯
拼插建构区	1. 小菜篮。 活动材料：小菜篮的图片、雪花片。 关键活动：①引导幼儿使用雪花片采用环形插、十字插的方法拼插出小菜篮；②引导幼儿说一说自己拼插的是什么，用了什么方法进行拼插。 2. 蔬菜大市场。 活动材料：木质积木。 关键活动：引导幼儿运用平铺、垒高等技法搭建蔬菜大市场的摊位，体会搭建的乐趣
益智游戏区	1. 蔬菜切切乐。 活动材料：蔬菜切面的图片。 关键活动：引导幼儿通过找一找，将蔬菜切面的图片匹配到相应的蔬菜。 2. 蔬菜总动员。 活动材料：福禄贝尔玩具、绒球、扭扭棒等。 关键活动：①引导幼儿根据绘本中的内容选择自己喜欢的蔬菜，用首尾相连、图形组合的方法拼摆蔬菜总动员；②引导幼儿说一说自己是用什么图形拼摆了什么蔬菜，还可以添加什么

续表

区域或活动	活动材料及关键活动
科学 发现区	蔬菜大不同： 活动材料：各种蔬菜的实物。 关键活动：引导幼儿观察、比较各种蔬菜的形状
美工 制作区	1. 小南瓜。 活动材料：绘本《蔬菜的秘密》、南瓜实物、太空泥。 关键活动：引导幼儿观察绘本《蔬菜的秘密》中的画面以及南瓜实物，了解南瓜的外形特点、颜色特征等，确定创作内容，并运用揉、捏、搓等方法制作南瓜。 2. 小茄子来了。 活动材料：茄子的图片和实物、卡纸、水粉颜料等。 关键活动：①引导幼儿观察茄子的外形，掌握茄子的主要特征；②引导幼儿自主选择水粉颜料，描绘茄子的外形，并使用点和甩的方式装饰画面
音乐 表演区	1. 一园青菜成了精。 活动材料：绘本《一园青菜成了精》、角色头饰。 关键活动：引导幼儿自主选择自己喜欢的角色进行扮演，跟随音乐和同伴一起表演故事内容。 2. 种子嘟嘟的梦想。 活动材料：绘本《种子嘟嘟的梦想》、轻柔的音乐。 关键活动：引导幼儿运用自己喜欢的方式大胆表现种子的生长过程，感受与同伴合作表演的快乐
教学活动	1. 蔬菜歌（音乐）。 2. 我来照顾你（综合）。 3. 蔬菜爱心餐（美术）。 4. 有味道的蔬菜（科学）。 5. 逛菜园（社会）
户外 体育活动	集体游戏：越过小菜园。 分散活动：护菜小勇士、送礼物
生活活动	1. 引导幼儿学习有序如厕、自己穿脱裤子。 2. 在早上来园、加餐等时段，播放轻松愉快的儿童歌曲，引导幼儿愉悦地参与活动

续表

区域或活动	活动材料及关键活动
环境创设	布置"探秘蔬菜宝宝"主题墙，引导幼儿感受花果类和根茎类蔬菜的生长环境，认识它们的种子，了解种子的生长过程，交流食用蔬菜对身体的好处
家园社区	1. 请家长带幼儿到菜市场观察售货员和顾客之间的买卖行为。 2. 请家长鼓励幼儿多吃不同种类的蔬菜

教学活动一　蔬菜歌（音乐）

【活动目标】

1. 知道常见蔬菜的种类，知道多吃蔬菜对身体好。

2. 能够有感情地演唱歌曲，并唱准说唱部分，能边唱边表演。

3. 体验与同伴合作演唱的乐趣。

【活动准备】

各种常见蔬菜的图片、《蔬菜歌》歌曲及歌曲图谱。

【活动过程】

一、谈话导入，激发幼儿兴趣

1. 提问：你们见过哪些蔬菜？

小结：卷心菜、番茄、胡萝卜、莲藕、黄瓜、青椒等。

2. 提问：在这些蔬菜中，你们最喜欢吃哪种蔬菜？为什么？

小结：蔬菜营养多，多吃蔬菜能够长高，身体变强壮。

二、出示歌曲图谱，运用五步教学法示范演唱，引导幼儿学唱歌曲

引导语：今天，蔬菜餐厅开张了，我们一起去看看餐厅里都有哪些好吃的蔬菜吧！

1. 跟随伴奏完整演唱歌曲，引导幼儿了解说唱的形式。

提问：你们听到了什么？是怎么唱的？

小结：×× ×× 来一份吧，来一份吧！（教师引导幼儿根据歌曲内容进行回答。）这种有说有唱的形式叫作说唱。

2. 播放歌曲，引导幼儿熟悉歌词内容、演唱歌曲。

提问：当有顾客来的时候，它们是怎么说的？它们是怎么问小顾客的？

小结：当有顾客来的时候，我们要说"欢迎光临，×× ×× 来一份吧，来一份吧"。

引导语：今天我们的蔬菜餐厅推出了不同的菜品，我们来看看都有什么。你们能根据图片来给小朋友介绍一下吗？

教师根据图片内容进行小结。

3. 跟随伴奏完整演唱歌曲，引导幼儿根据歌曲内容做出相应的动作。

提问：当听到不同形状的蔬菜时，你们想用什么动作来表示呢？

小结：萝卜胖胖的，可以用鼓起肚子来表示。卷心菜可以用几个小朋友抱在一起来表示。莲藕是一节一节的，可以用两个小朋友手拉手来表示。

引导语：又来了一批新朋友，我们一起去给他们介绍一下我们的蔬菜餐厅新推出的菜品吧！（教师引导幼儿跟随歌曲再表演一遍动作。）

4. 引导幼儿分组演唱歌曲，加深幼儿对说唱形式的认识。

引导语：两个小朋友一组，一个小朋友唱，另一个小朋友说。

提问：刚刚你们是怎么唱的？

小结：唱的小朋友唱完后，说的小朋友要马上开始说，连贯起来才好听。

5. 出示歌曲图谱，和幼儿共同演唱歌曲。

小结：这是一首以说唱为基本形式的歌曲，非常欢快，我们在唱的时候，要把唱的部分和说的部分明显区别开来。

三、借助击鼓传花游戏，引导幼儿体验参与游戏的快乐

游戏玩法：大家围坐成一个圆，鼓声响起，开始传递小花。鼓声停止，小花落在谁手里，谁就是顾客。大家一起演唱，问小顾客。

四、活动延伸

引导语：今天，我们认识了这么多蔬菜宝宝，在平时的生活中要多吃蔬菜，长高高。

教学活动二　我来照顾你（综合）

【活动目标】

1. 知道蔬菜生长的条件，学习照顾蔬菜宝宝。

2. 能与同伴合作为蔬菜浇水、松土和施肥。

3. 体验照顾蔬菜宝宝的乐趣，爱护蔬菜宝宝。

【活动准备】

1. 课件、视频。

2. 水壶、铲子、肥料。

【活动过程】

一、视频导入，激发幼儿兴趣

播放视频，引导幼儿仔细观察。

提问：这是什么？它们长什么样子？

小结：原来这些都是我们之前种植的番茄宝宝，现在它们已经长出了小绿芽，让我们一起来认识一下它们吧！

二、引导幼儿了解番茄生长的条件，学习照顾番茄宝宝

1. 引导幼儿观看课件，讨论番茄生长的条件。

提问：番茄宝宝生长的时候需要谁的帮助？请你们一起讨论一下吧！

小结：番茄宝宝的生长需要阳光、水、肥料和风的帮助，阳光和风几乎每天会陪在番茄宝宝身边，但是水和肥料却不常见，我们为番茄宝宝想想办法吧！

2. 引导幼儿了解照顾番茄的途径和方法。

提问：怎样可以帮助番茄宝宝呢？我们能为它们做些什么呢？

小结：我们可以在它们口渴时为它们浇水，在它们没有力气时为它们施肥，在害虫来袭时为它们捉虫。

三、引导幼儿与同伴合作为番茄浇水、松土和施肥

1. 组织幼儿为番茄宝宝浇水、松土、施肥，引导幼儿体验照顾番茄宝宝的乐趣。

引导语：现在，我们一起去为番茄宝宝浇浇水、松松土、施施肥吧！

2. 提问：亲爱的小朋友们，你们是怎样照顾番茄宝宝的？来分享一下你们的做法吧！

小结：浇水的时候，每棵番茄宝宝都要浇到。水不能浇太多，要适量。

四、指导幼儿创作照顾番茄宝宝的作品

引导语：让我们一起把照顾番茄宝宝的精彩瞬间用画笔记录下来吧！

活动要求：根据老师讲解的制作步骤进行，有问题及时寻求老师的帮助，制作过程中保持桌面和画面整洁。

五、引导幼儿自由交流创作的作品

组织幼儿自由交流创作的作品，引导幼儿说一说创作过程。

教学活动三　蔬菜爱心餐（美术）

【活动目标】

1.学习用团一团、搓一搓、捏一捏的方法制作胡萝卜。

2.能用搓的方法将胡萝卜的根部搓细。

3.体验动手制作的乐趣，在制作时要有耐心，不着急。

【活动准备】

1.课件。

2.胡萝卜、盘子、橡皮泥。

【活动过程】

一、出示装有胡萝卜的盘子，引发幼儿猜想

引导语：我是兔妈妈，今天我要给小兔子准备爱心午餐，请你们猜一猜我会准备什么。

二、引导幼儿观察胡萝卜，了解胡萝卜的外形特征

提问：胡萝卜是什么颜色的？胡萝卜是什么样子的？

小结：胡萝卜是橙黄色的，一头粗一头细，有绿色的叶子。

三、出示课件，引导幼儿观察胡萝卜的制作方法，探索将胡萝卜根部搓细的方法

提问：兔妈妈是怎么制作胡萝卜的？又是怎么把胡萝卜的根部搓细的？（教师引导幼儿探索、尝试，交流各自的办法。）

小结：用双手团一团、搓一搓，用拇指、食指捏一捏，搓出胡萝卜的根部。

四、出示橡皮泥，请幼儿尝试帮助兔妈妈给小兔子准备爱心午餐

要求：胡萝卜要搓得一头粗一头细，表面要光滑。

教师指导幼儿制作胡萝卜，重点观察幼儿搓橡皮泥的方法，提醒幼儿搓的时候要均匀用力，不要心急，慢慢地将胡萝卜的根部搓细。

五、引导幼儿相互欣赏作品，体验动手制作的乐趣

1.引导幼儿从胡萝卜的大小、光滑程度、根的粗细等方面进行欣赏、点评。

2.以兔妈妈的口吻感谢小朋友给小兔子送来了这么多美味的胡萝卜，引导幼儿体会帮助别人的快乐。

教学活动四　有味道的蔬菜（科学）

【活动目标】

1.了解香菇、胡萝卜、芹菜和青椒的外形特点，知道吃香菇、胡萝卜、芹菜和青椒的好处。

2.能运用多种感官感知香菇、胡萝卜、芹菜和青椒的形状、颜色和气味。

3.愿意接受有特殊味道的蔬菜，喜欢吃有特殊味道的蔬菜。

【活动准备】

1.课件，含有香菇、胡萝卜、芹菜或青椒的食物的图片。

2.介绍香菇、胡萝卜、芹菜和青椒营养价值的视频。

3.香菇、胡萝卜、芹菜和青椒的实物，塑料蛋糕刀，菜板，分装盘。

【活动过程】

一、猜谜语，导入活动主题

引导语：今天，老师给小朋友们带来了一个谜语，请仔细听哟！像伞不是伞，闻着香又香，拿来做菜吃，味美有营养。

提问：谜底是什么呢？

小结：猜对了！就是香菇。

过渡语：香菇把它的好朋友胡萝卜、芹菜和青椒都带来啦！

二、引导幼儿通过多种感官观察香菇、胡萝卜、芹菜和青椒，了解它们的特征

1.依次出示香菇、胡萝卜、芹菜和青椒的实物，引导幼儿通过看一看、摸一摸、闻一闻、切一切等方式了解香菇、胡萝卜、芹菜和青椒的特征。

提问：你们发现了这四种蔬菜宝宝的哪些秘密？

小结：香菇长得像一把小伞，有一股特殊的香味，摸起来湿湿的。胡萝卜是橙黄色的，一头粗一头细，摸起来很硬，有一股特殊的香味。芹菜是嫩绿色的，长长的，上面还有绿色的叶子，摸起来也比较硬，用塑料刀切开后有水分溢出，它也有一股特殊的香味。青椒是深绿色的，外面的皮有点儿硬，但是中间是空的，里面有白色的种子，闻起来也有一股特殊的味道。

2.用课件出示多种食物的图片，引导幼儿从中分辨出香菇、胡萝卜、芹菜和青椒。

提问：香菇、胡萝卜、芹菜和青椒宝宝在和我们玩捉迷藏呢，你们能把它们找出来吗？

小结：记住香菇、胡萝卜、芹菜和青椒分别是什么样子的，就能很快地把它们找出来啦！

三、引导幼儿欣赏用香菇、胡萝卜、芹菜或青椒制作的美食的图片，让幼儿了解香菇、胡萝卜、芹菜和青椒的营养价值，鼓励幼儿尝试吃有特殊味道的蔬菜

1.请幼儿介绍自己吃过哪些用香菇、胡萝卜、芹菜或青椒制作的食物。

提问：你们都吃过哪些用香菇、胡萝卜、芹菜或青椒制作的美食呢？

小结：香菇油菜、香菇焖蛋、胡萝卜鸡蛋包、芹菜炒百合、青椒炒肉都是非常美味的食物。

2.通过视频引导幼儿了解香菇、胡萝卜、芹菜和青椒的营养价值。

提问：你们为什么喜欢吃香菇、胡萝卜、芹菜和青椒呢？

小结：香菇含有丰富的维生素 D 和多种氨基酸，维生素 D 可以促进钙质吸收，防止骨质疏松和手脚抽筋；芹菜富含膳食纤维，有助于我们消化食物；胡萝卜富含维生素 A，有助于我们保护视力；青椒含有丰富的维生素 C，可以帮助我们提高免疫力。这些有味道的蔬菜的作用可真大呀！

结束语：小朋友们，香菇、胡萝卜、芹菜和青椒味道鲜美、营养丰富，多吃可以增强体质！今天中午，我们就大口大口地把这些有味道的蔬菜宝宝吃干净吧！

四、活动延伸

通过午餐播报，引导幼儿尝试吃用香菇、胡萝卜、芹菜或青椒制作的美食。

教学活动五　逛菜园（社会）

【 活动目标 】

1.知道逛菜园时需要遵守的规则，了解菜园中各种蔬菜的外形特征。

2.能够用比较清楚、连贯的语言向同伴讲述自己发现的蔬菜的秘密。

3. 喜欢逛菜园，愿意与大自然亲密接触。

【活动准备】

幼儿园菜园的图片、采摘工具。

【活动过程】

一、创设"小小旅行家"情境，激发幼儿活动兴趣

引导语：小朋友们，你们去过哪些地方旅行？今天我们的旅行目的地是幼儿园的菜园。菜园里有很多好吃的蔬菜，你们准备好了吗？

二、引导幼儿了解逛菜园时需要遵守的规则

1. 提问：我们要怎样去菜园里参观呢？怎样做才能保护好我们的蔬菜宝宝呢？

2. 幼儿讨论，教师及时记录。

3. 师幼共同梳理逛菜园时需要遵守的规则。

小结：逛菜园时要分组去，一次去的人太多会把蔬菜宝宝踩坏；要慢慢走、一个一个地走，不推不挤；不要随便用手将蔬菜宝宝拔出来。

三、引导幼儿分组逛菜园，观察蔬菜宝宝的外形特征，并尝试将自己发现的蔬菜宝宝的秘密与同伴分享

1. 指导幼儿分组参观，并关注幼儿的安全。

引导语：逛菜园时要小心，用小眼睛看一看，用小手摸一摸，用小鼻子闻一闻，看看蔬菜宝宝长什么样子，有什么特点。

2. 引导幼儿回教室后进行小组交流，说一说自己发现的蔬菜宝宝的秘密。

提问：你们发现了哪些蔬菜宝宝？它们是什么样子的？

小结：原来幼儿园菜园里有油菜、小白菜、菠菜、茼蒿、茄子、番茄等，这几种蔬菜颜色不同，形状也不一样，但是它们都是有营养的蔬菜宝宝。在平时吃饭的时候，要把它们都吃掉哟！

四、活动延伸

引导幼儿设计逛菜园游戏墙，并在美工制作区画参观日记。在生活中鼓励幼儿吃掉蔬菜宝宝。

第三周　蔬菜大丰收

主题活动内容安排表

区域或活动	活动材料及关键活动
信息交流区	蔬菜大丰收： 活动材料：各种蔬菜的图片和实物，蔬菜生长的图片，蔬菜的不同部位的图片。 关键活动：①引导幼儿了解蔬菜的名称、特征和食用部位；②引导幼儿观察、交流，了解蔬菜宝宝的培育方法
图书阅读区	经典绘本阅读： 活动材料：《大口吃饭的秘密》《我的蔬菜宝宝》《菜园集结号》《蔬菜的秘密》等绘本。 关键活动：引导幼儿翻看图书，保持情绪稳定，安静地阅读
角色扮演区	娃娃家： 活动材料：①蔬菜美食、用餐礼仪的图片，玩具娃娃，小床，餐具，仿真蔬菜，婴儿用品，等等；②幼儿自己带的各种各样的毛绒玩具。 关键活动：①引导幼儿和玩具娃娃说话，给玩具娃娃喂饭，抱一抱自己喜欢的毛绒玩具；②引导幼儿在美食品尝会上享受蔬菜美食，并养成良好的用餐习惯
拼插建构区	1.蔬菜拼拼乐。 活动材料：雪花片、各种蔬菜的图片。 关键活动：引导幼儿运用雪花片拼插出各种形态的蔬菜，并能够说出拼插的方法。 2.蔬菜运输线。 活动材料：积木、纸砖、运输机器的图片。 关键活动：引导幼儿探索蔬菜运输线的搭建方法，并用多种材料组合搭建蔬菜运输线
益智游戏区	蔬菜翻翻棋： 活动材料：蔬菜的图片、水瓶盖、九宫格棋盘。 关键活动：运用配对的方式引导幼儿与瓶盖、棋盘互动，培养幼儿的观察能力与短时记忆能力

续表

区域或活动	活动材料及关键活动
科学 发现区	蔬菜大作战： 活动材料：蔬果底板、放大镜。 关键活动：引导幼儿用放大镜观察蔬果底板上的蔬菜，找到相同的蔬菜，并将其贴到正确的位置
美工 制作区	1. 一分为二的蔬菜。 活动材料：多种蔬菜的横截面、卡纸、水粉颜料等。 关键活动：引导幼儿了解不同蔬菜的内部特征，并运用不同蔬菜的横截面蘸取水粉颜料在卡纸上拓印。 2. 蔬菜变变变。 活动材料：菠菜、油菜、莜麦菜等蔬菜，牙签、双面胶、剪刀等工具。 关键活动：①引导幼儿了解蔬菜的外形特点和颜色特征等，确定创作内容；②引导幼儿自主选择蔬菜，运用组合、拼插的方法制作动物
音乐 表演区	1. 丰收歌。 活动材料：音乐《丰收歌》、头饰、乐器。 关键活动：引导幼儿根据音乐做相应的动作，体验表演的乐趣。 2. 蔬菜歌。 活动材料：音乐《蔬菜歌》、头饰、乐器、服装。 关键活动：引导幼儿自选乐器和服装，尝试着和同伴一起跟随音乐有节奏地进行表演
教学活动	1. 我爱吃蔬菜（健康）。 2. 大丰收（科学）。 3. 蔬菜宝宝造型秀（美术）。 4. 丰收歌（音乐）。 5. 一园青菜成了精（语言）
户外 体育活动	集体游戏：小兔运蔬菜。 分散活动：蜗牛与黄鹂鸟、小兔跳跳
生活活动	1. 餐前给幼儿讲解正确的进餐方法：坐在桌边，一手握勺，一手扶碗，细嚼慢咽，专心吃饭，等等。重点关注吃饭较慢或不太会自己吃饭的幼儿。 2. 通过集体活动与幼儿讨论交流盘子怎么变干净，并将其落实到幼儿的日常生活中

续表

区域或活动	活动材料及关键活动
环境创设	1. 布置"蔬菜大丰收"主题墙，引导幼儿感受蔬菜大丰收的喜悦。 2. 布置"蔬菜角"，投放多种多样的蔬菜
家园社区	1. 请家长带幼儿到菜市场买菜，帮助幼儿认识、了解蔬菜。 2. 请家长与幼儿一起探究不同蔬菜的营养价值

教学活动一 我爱吃蔬菜（健康）

【活动目标】

1. 知道吃胡萝卜、青椒等蔬菜有利于身体健康。

2. 能与同伴交流吃蔬菜的好处。

3. 喜欢吃蔬菜，逐步养成不挑食的好习惯。

【活动准备】

1. 课件。

2. 沙拉酱、小碟、小勺、餐巾纸。

3. 将胡萝卜、青椒切好，制作成蔬菜沙拉；将胡萝卜、青椒装饰成拟人化的形象。

【活动过程】

一、引导幼儿品尝蔬菜沙拉，激发幼儿兴趣

教师以角色身份引入情境。

重点提问：你们刚才吃的是什么蔬菜？它们是什么味道的？不喜欢吃的蔬菜我们要不要吃呢？

小结：每一种蔬菜都有一定的营养价值，会有一种属于自己的特殊香味，我们在日常生活中应该多吃蔬菜。

二、引导幼儿观看课件，了解蔬菜与健康的关系

提问：多吃蔬菜对我们的身体有什么好处呢？请你们一起交流一下吧！

小结：吃青椒会使我们的皮肤变白，吃胡萝卜会使我们的眼睛更明亮。

三、用课件出示图片，引导幼儿进行讨论，利用新经验解决幼儿生活中的问题

引导语：看一看他怎么了，说一说他需要吃哪些蔬菜。

四、引导幼儿再次品尝蔬菜沙拉，巩固新经验

引导语：其实蔬菜王国里还有很多种蔬菜呢，它们对我们的身体都非常有益，我们要多吃蔬菜。请你们再去尝一尝刚才没有尝到的蔬菜吧！

教学活动二　大丰收（科学）

【活动目标】

1.认识番茄、白菜、土豆、胡萝卜四种常见蔬菜的外形特征，知道它们的营养价值。

2.能按食用部位将蔬菜进行分类，并说出自己给蔬菜分类的方法。

3.养成不挑食的好习惯。

【活动准备】

1.课件。

2.番茄、白菜、土豆、胡萝卜的实物。

【活动过程】

一、引入主题，激发幼儿兴趣

引导语：刚才老师接到了一个电话，是蔬菜王国的国王给老师打来的。它告诉老师，蔬菜王国给我们寄来了许多东西。你们想不想去看看是什么呢？

二、通过实物展出，引导幼儿更真切地认识蔬菜

1.提问：你们看到了什么？你们喜欢吃哪一种蔬菜？

猜谜语：又红又圆像苹果，酸酸甜甜营养多，既能做菜吃，又能当水果。

揭秘：谜底是番茄。

2.引导语：还有一个谜语，请你们猜猜看。

猜谜语：一个胖娃娃，埋在地底下，头顶绿巾穿红褂，夏天播种秋天拔，我们人人都爱它。

揭秘：谜底是胡萝卜。

3.提问：番茄和胡萝卜分别是什么样子的？

小结：番茄红红的，吃起来酸酸的。胡萝卜埋在土里，叶子是绿色的。

三、用课件出示各种蔬菜的图片，引导幼儿巩固认知

1.提问：图中有哪些蔬菜？

揭秘：白菜、菠菜、油菜。

教师说一说白菜的样子。

提问：我们应该吃白菜的哪一部分？

小结：叶。

提问：还有什么蔬菜也是吃叶的？

小结：菠菜、油菜、莜麦菜、卷心菜也是吃叶的。

2. 提问：这是什么？

揭秘：土豆，又叫马铃薯。

教师说一说土豆的样子。土豆发芽后有毒，不能吃。如果芽很小，可以把芽和芽周围削干净再吃。

四、引导幼儿了解蔬菜的营养价值，养成不挑食的好习惯

小结：我们认识了这么多种蔬菜，它们含有丰富的营养，你们一定要多吃蔬菜！

教学活动三　蔬菜宝宝造型秀（美术）

【活动目标】

1. 知道蔬菜营养丰富，是我们生活中不可缺少的食物。

2. 能大胆地为蔬菜宝宝设计不同的造型。

3. 感受创作的乐趣，激发想象力。

【活动准备】

1. 用蔬菜制作的海豚、长颈鹿的图片。

2. 胡萝卜、青菜、生姜、黑豆，剪刀、抹布、牙签、双面胶。

【活动过程】

一、谈话导入，引起幼儿对各种蔬菜的兴趣

提问：今天菜园爷爷跟老师说了一句悄悄话，他想让小朋友帮菜园里的蔬菜宝宝换一个新造型。你们想不想帮助蔬菜宝宝呀？老师把蔬菜宝宝带过来了，我们一起来认识一下。认识了之后才能给蔬菜宝宝设计最适合他们的造型，让他们去参加菜园爷爷举办的走秀活动。

二、引导幼儿观察用蔬菜制作的海豚、长颈鹿的图片，激发幼儿的设计灵感

提问：海豚是用什么做的？长颈鹿是用什么做的？

小结：海豚是用茄子、番茄组合成的，长颈鹿是用蚕豆、茄子组合成的。

三、引导幼儿自由想象作品的结构，感受创作的乐趣

提问：还需要将什么蔬菜组合在一起？怎样加工才能使蔬菜宝宝的造型更像我们的玩具？

小结：两种蔬菜要用牙签插在一起，其他材料可粘贴到蔬菜上。

四、指导幼儿发挥想象给蔬菜设计造型

引导语：如果你们在设计和制作过程中遇到了问题，要及时与老师沟通，解决问题。

小结：有的小朋友不知道熊宝宝的眼睛怎么制作，我们来看一下。我们有这么多材料，哪一种更像熊宝宝的眼睛呢？黑豆。我们来试一下，将黑豆放到熊宝宝的眼睛上是否合适。遇到困难要动脑筋想一想。除了黑豆，还可以用什么材料？可以将蔬菜切成圆片，用牙签将其固定在另一种蔬菜上。

五、活动延伸

提问：现在蔬菜宝宝很高兴，因为我们给他们设计了非常好看的造型。刚才菜园爷爷邀请我们去参加他举办的走秀活动，我们一起去参加吧！出发！

教学活动四　丰收歌（音乐）

【活动目标】

1.学习用不同的方式摘果子、摘蔬菜的动作，跟随音乐合拍练习摘果子、摘蔬菜。

2.创编从不同方位摘果子、摘蔬菜的动作，能大胆地表演出来。

3.体验收获果子和蔬菜的愉快心情。

【活动准备】

果子、蔬菜的图片，果园、蔬菜园的背景图，《丰收歌》音乐。

【活动过程】

一、音乐导入，激发幼儿活动兴趣

引导语：丰收啦！瞧，果园里的果子和蔬菜园里的蔬菜都成熟了。我们一起去摘吧！果园和蔬菜园到喽！我们把小背篓放下来，先找个位子坐下来休息一下吧！

二、引导幼儿探索摘果子、摘蔬菜的动作

提问：小朋友们，你们会怎样摘果子和摘蔬菜呢？请你们来试一试。

引导幼儿自由探索，鼓励幼儿大胆交流摘果子、摘蔬菜的过程。

引导幼儿展示摘果子、摘蔬菜的过程。

小结：在摘果子和摘蔬菜的过程中，我们可以挺直身子，伸开手臂，或者弯腰去摘。

三、引导幼儿跟随音乐合拍练习摘果子、摘蔬菜

1.师幼共同摘果子、摘蔬菜。

引导语：果园里、蔬菜园里的叔叔阿姨忙不过来了，邀请我们帮他们一起摘果子、摘蔬菜呢！我们一起来试试吧！

提问：我刚才是怎么摘果子、摘蔬菜的？请你们来学一学。

小结：碰到果子、蔬菜要拧一下，这样就摘下来了。我们一起来摘。

2.引导幼儿展开想象，创编从不同方位摘果子、摘蔬菜的动作。

提问：这边的果子、蔬菜被我们摘下来了，还有哪里的果子、蔬菜没有摘？我们可以怎么做？

小结：还有上面、旁边的果子、蔬菜没有摘呢！高的地方的果子、蔬菜，我们可以踮起脚尖摘，矮的地方的果子、蔬菜需要弯下腰去摘。

四、引导幼儿练习从不同方位摘果子、摘蔬菜的动作，鼓励幼儿大胆地表演出来

小结：小朋友摘果子和摘蔬菜的动作很有节奏，真好看，我们一起来学一学吧！

五、师幼共同表演，体验收获果子和蔬菜的愉快心情

引导语：让我们一起来跳果子、蔬菜丰收的舞蹈吧！（教师组织幼儿上台表演，并进行奖励。）

教学活动五　一园青菜成了精（语言）

【活动目标】

1.安静地欣赏童谣，感受并喜欢童谣的韵律。

2.乐意用简单的语言说出几种常见蔬菜的名称和主要特征。

3.体验动手制作的乐趣，喜欢吃蔬菜。

【活动准备 】

1.课件。

2.黄瓜、胡萝卜、紫甘蓝等的实物，水果刀，沙拉酱，蔬菜沙拉，毛巾。

【活动过程】

一、用蔬菜蹲游戏导入，激发幼儿活动兴趣

播放课件，和幼儿共同欣赏童谣，引导幼儿了解童谣的主要内容。

引导语：今天，老师给你们带来了一首有趣的童谣，是有关蔬菜的。我们一起来听一听吧！

小结：这首童谣真好听！有一位画家听了这首好听的童谣后画了很多画，出了一本书——《一园青菜成了精》。我们一起来看看这本书，看看书里有哪些蔬菜，蔬菜们在做什么游戏。

二、出示课件，引导幼儿认识蔬菜的名字和特征

提问：你们看到了哪些蔬菜？它们是什么样子的？（教师根据幼儿的回答，逐一出示图片。）

小结：萝卜，圆圆的萝卜；茄子，胖胖的茄子；豆芽，细细的豆芽；莲藕，长长的莲藕。

引导语：这些蔬菜真可爱，它们是我们的好朋友，现在蔬菜要和我们做一个找朋友的游戏。

三、引导幼儿玩游戏，体验玩游戏的乐趣

引导幼儿玩我和蔬菜做朋友的游戏，让幼儿根据老师的指令举起相应的蔬菜。

引导语：我们菜园里的蔬菜成熟了，快选一种自己喜欢的蔬菜，看一看，摸一摸，闻一闻。你们能找到老师说到的蔬菜吗？

提问：绿绿的蔬菜在哪里？

回答：绿绿的蔬菜在这里。

提问：红红的蔬菜在哪里？

回答：红红的蔬菜在这里。

提问：胖胖的蔬菜在哪里？

回答：胖胖的蔬菜在这里。

四、引导幼儿动手制作，体验亲手制作的乐趣

引导语：蔬菜和小朋友玩得真开心，可爱的蔬菜很有营养，可以做成许多好吃的食物。今天，我们要用黄瓜、胡萝卜和紫甘蓝制作蔬菜沙拉。快来一起制作吧！制作完一起尝一尝。

主题二　我是光盘小宝贝

主题价值

小班幼儿初入园，挑食、偏食现象比较普遍，大部分幼儿对蔬菜、海鲜和猪肝等有特殊味道的食物难以接受。3 岁是提高味觉接受度的关键时期，在这一时期可以有效解决因味觉敏感造成的偏食问题。均衡饮食习惯能促进幼儿身体健康发育。

本主题包括《好多食物呀》《啊呜，我会吃》和《全都吃光啦》三个次主题，从幼儿已有的关于饮食的经验出发，根据幼儿的兴趣，通过各种实践活动，在生活化、趣味化的游戏情境中，指导幼儿了解各种食物的营养，帮助幼儿养成文明进餐、不挑食等良好的饮食习惯，激励幼儿争做爱惜粮食、健康饮食的光盘小宝贝。

在主题活动过程中，教师和家长要充分利用生活中丰富的资源，带领幼儿走进超市、农贸市场、种植园地等，引导幼儿探索食物的本真模样，对食物形成积极的情感，从而逐步接纳生活中常见的健康食物。

主题目标

1.懂得要爱护餐具，轻拿轻放，珍惜他人的劳动成果。

2.能按照粮食、蔬果、肉奶蛋等给食物进行分类，掌握正确使用餐具的方法，能保持个人和环境卫生，不挑食，不剩饭。

3.认识不同的食物，知道不同的食物有不同的营养价值。

第一周　好多食物呀

主题活动内容安排表

区域或活动	活动材料及关键活动
信息 交流区	好多食物呀： 活动材料：各种食物的图片、幼儿品尝食物的图片、幼儿光盘的图片等。 关键活动：引导幼儿了解食物的味道，能够自由表达食物的特征
图书 阅读区	各种各样的食物： 活动材料：绘本《爱吃水果的牛》《好饿的小蛇》《小熊请客》《让我更强壮的食物》《呀！蔬菜水果》。 关键活动：引导幼儿看绘本，并用语言完整、清楚地与同伴交流自己认识和喜欢的食物
角色 扮演区	做饭啦： 活动材料：菜单、各种各样的食物、厨房用具等。 关键活动：引导幼儿尝试用各种材料制作餐点、聚会进餐等，体验角色扮演的乐趣，并尝试用完整、清楚的语言表达自己的意愿和想法
拼插 建构区	1. 好吃的萝卜。 活动材料：雪花片、萝卜的图片。 关键活动：引导幼儿使用雪花片采用一字插和弧形连接的拼插方法拼插萝卜，并尝试用不同颜色的玩具给萝卜拼插上萝卜缨。 2. 小菜园。 活动材料：木质积木，小菜园的图片。 关键活动：引导幼儿根据小菜园的特征，学习用分块平铺、垒高等方法搭建幼儿园的小菜园，并能用颜色区分不同的菜地
益智 游戏区	1. 我的午餐。 活动材料：午餐图片、福禄贝尔玩具。 关键活动：引导幼儿拼摆自己喜欢的午餐，并在餐盘背景板内组成自己的"午餐"。 2. 我爱吃。 活动材料：可反复粘贴的各种食物的图片、幼儿吃到食物的表情图、游戏板。 关键活动：引导幼儿将食物与吃到食物的表情图匹配并粘贴到游戏板上，通过游戏说出自己对食物的喜好，逐步建立与食物的感情

续表

区域或活动	活动材料及关键活动
科学 发现区	不同颜色的白菜: 活动材料:不同颜色的溶液、白菜叶、记录表。 关键活动:通过记录白菜叶染色的过程,引导幼儿探究白菜叶能染色的秘密
美工 制作区	1.各种各样的蔬果。 活动材料:绘画纸、水彩笔、油画棒、各色水粉颜料、画笔、棉棒、皱纹纸、各色彩泥。 关键活动:引导幼儿用各种材料运用涂色、拓印等方法制作自己喜欢的蔬果。 2.好玩的蔬果拓印。 活动材料:多种蔬果实物、各色颜料、画纸、画布等。 关键活动:引导幼儿自主选择蔬果实物,大胆想象并创作自己喜欢的蔬果造型,然后布置"好玩的蔬果拓印"画展
音乐 表演区	会跳舞的跳跳糖: 活动材料:《会跳舞的跳跳糖》歌曲及歌曲图谱。 关键活动:引导幼儿根据歌曲自主选择合适的动作,与同伴共同玩会跳舞的跳跳糖游戏
教学活动	1.好吃的蔬菜(健康)。 2.爱吃水果的牛(语言)。 3.五彩饭(美术)。 4.有趣的贝类小海鲜(科学)。 5.美味的蛋(健康)
户外 体育活动	集体游戏:我走你也走。 分散活动:火车开起来、小孩小孩真爱玩
生活活动	1.通过餐前播报活动,引导幼儿了解幼儿园午餐的种类,激发幼儿对食物的兴趣。 2.餐中指导幼儿吃饭不东张西望,参照握勺流程图掌握正确使用勺子的方法,并独立进餐。 3.引导幼儿通过集体交流、学唱儿歌、实际操作等方法掌握擦嘴巴的方法

续表

区域或活动	活动材料及关键活动
环境创设	1.布置"好多食物呀"主题墙，展示幼儿喜欢的食物调查表、各种食物的创意美工作品等，引导幼儿发现食物的美，激发幼儿对食物的喜爱之情。 2.收集各种食物的图片、实物等，投放到信息交流区，引导幼儿了解食物的多样性。 3.布置"每周美食榜"，展示幼儿园食谱，激发幼儿对幼儿园餐点的兴趣，鼓励幼儿与同伴说一说自己最喜欢的饭菜
家园社区	1.请家长带幼儿到超市和农贸市场观察，引导幼儿认识多种多样的食材，并了解食材的形状、气味，引发幼儿对食材的喜爱之情。 2.从亲子阅读、幼儿情绪、生活习惯等多种角度，引导家长关注幼儿进餐情况，并对幼儿进餐时存在的问题进行正面的引导

教学活动一　好吃的蔬菜（健康）

【活动目标】

1.认识多种蔬菜的外部特征，了解蔬菜的不同食用部分。

2.了解吃蔬菜的好处，养成不挑食的饮食习惯。

3.在游戏和品尝蔬菜沙拉的过程中，体验成功的喜悦。

【活动准备】

1.课件、各种各样的蔬菜的视频。

2.部分蔬菜实物，如白菜、生菜、花菜、番茄、胡萝卜、黄瓜等；用番茄、黄瓜、胡萝卜制作的蔬菜沙拉。

【活动过程】

一、谈话导入，激发幼儿探究蔬菜的兴趣

播放各种各样的蔬菜的视频，引导幼儿初步感知蔬菜的多样性。

提问：你们都看到了什么？它们是什么样子的？

小结：各种各样的蔬菜宝宝的颜色、形状、味道都不相同，真是太神奇了！

二、用课件出示图片，引导幼儿了解蔬菜的不同类别

1.出示叶菜类蔬菜，引导幼儿初步感知其特征。

提问：这些蔬菜有什么特点？我们吃它们的哪个部位呢？

小结：像菠菜、油菜、白菜这一类以肥嫩的叶片和叶柄作为食用部位的蔬菜，统称为叶菜，我们食用它们的叶片和叶柄。

2. 出示根茎类蔬菜，引导幼儿初步感知其特征。

提问：这是什么？我们吃它们的哪个部位呢？

小结：土豆、萝卜、红薯等都是根茎类蔬菜，它们生长在泥土里，我们吃它们的根或茎。

三、创设"蔬菜店"情境，引导幼儿给蔬菜分类

引导语：蔬菜店的货架乱了，你们能按照蔬菜的类别把蔬菜宝宝送回家吗？

鼓励幼儿小组合作，完成分类。

四、活动延伸

出示用番茄、黄瓜、胡萝卜制作的蔬菜沙拉，请幼儿品尝并交流蔬菜沙拉的制作方法。引导幼儿在品尝和交流过程中，逐步意识到蔬菜营养丰富，多吃蔬菜有助于身体健康。教育幼儿不要挑食。

教学活动二　爱吃水果的牛（语言）

【活动目标】

1. 理解故事内容，知道多吃水果、多喝牛奶对身体好。

2. 尝试用"请吃××"和"我想喝××牛奶"的句式，较完整地表达自己的想法。

3. 愿意在别人生病的时候多给予关心和帮助。

【活动准备】

1. 课件。

2. 奶牛的图片，各种水果的图片，画着空肚子奶牛的大白板，各种水果的图卡。

【活动过程】

一、出示奶牛的图片，激发幼儿活动兴趣

1. 用课件播放奶牛的声音，出示奶牛的图片，引导幼儿观察肚子里装满水果的牛，并说说水果的名称。

提问：这是谁的声音？奶牛喜欢吃什么？今天老师给你们介绍一头爱吃水果的奶牛。请你们看看它的肚子里都装了哪些水果。

小结：这是奶牛的声音。奶牛喜欢吃草。爱吃水果的奶牛喜欢吃草莓、

香蕉、苹果、葡萄等。

2.用课件出示奶牛吃草莓的图片,引导幼儿发现奶牛可以挤出草莓牛奶的神奇本领。

提问:奶牛吃了草莓挤出了什么样的牛奶?为什么是红色的牛奶?奶牛吃了香蕉会挤出什么样的牛奶?吃了葡萄会挤出什么样的牛奶?

二、完整讲述故事,引导幼儿理解故事内容,知道多吃水果、多喝牛奶对身体好

1.完整讲述故事,引导幼儿思考。

提问:为什么只有爱吃水果的奶牛没有生病?是谁每天喂奶牛吃水果的?主人生病了,奶牛的心情怎么样?

小结:水果中含有丰富的维生素 C,多吃水果可以预防感冒。是主人每天喂奶牛吃水果的。主人生病了,奶牛不开心,很难过。

2.提问:主人生病了,奶牛想了什么办法让主人好起来?为什么邻居的病也好了?

小结:爱吃水果的奶牛产的牛奶也很有营养,感冒的人喝了水果牛奶可以快点儿好起来。奶牛让主人和邻居喝了草莓牛奶、香蕉牛奶、苹果牛奶、葡萄牛奶,大家的病都好了。奶牛很有爱心,不但帮助了主人,还照顾了邻居。

三、再次讲述故事,引导幼儿在游戏中用"请吃××"和"我想喝××牛奶"的句式,完整地表达自己的想法

1.讲述故事的第一段,请幼儿当小主人,喂奶牛吃水果。

提问:小朋友们,你们想给爱吃水果的奶牛吃什么水果?请你们来当小主人喂一喂奶牛。当小主人应该有礼貌,我们可以说:"奶牛,奶牛,请吃香蕉。"

2.讲述故事的第二段,请幼儿表达自己的想法。

提问:这么多有营养的水果牛奶,你们想喝什么口味的?我们怎么跟奶牛说?

幼儿回答:奶牛,我想喝草莓味的牛奶。

四、引导幼儿交流分享,知道在别人生病的时候应给予关心和帮助

提问:你们喜欢吃水果吗?为什么要多吃水果?如果你们的家人感冒了,可以用什么办法让他们快点儿好起来?

小结:感冒了可以多吃水果,如果你们能经常去关心生病的家人,你们的家人会好得更快。

附：故事

爱吃水果的牛

在一个长满各种果树的森林里，住着一只爱吃水果的牛。主人每天喂它各种好吃的水果。有西瓜，有木瓜，还有像星星一样的杨桃。

一天晚上，突然刮起了一阵冷风。主人着凉了，所有的邻居也都感冒了，只有爱吃水果的牛没有生病。爱吃水果的牛挤了杯草莓牛奶给主人喝，还有香蕉牛奶、苹果牛奶、葡萄牛奶……主人喝了水果牛奶之后，感冒渐渐地好了。邻居们吃了水果，也都不生病了。大家知道吃水果的好处之后啊，都变成爱吃水果的人了。

教学活动三　五彩饭（美术）

【活动目标】

1. 认识红、黄、黑、白等颜色，学习运用油画棒自由地点画出各种颜色的米饭。

2. 根据《五彩饭》儿歌，交换使用各种颜色的油画棒绘画。

3. 学习一边轻轻地唱儿歌一边画画，快乐地完成作品。

【活动准备】

1. 教师示范画、《五彩饭》儿歌。

2. 五谷实物。

【活动过程】

一、谈话导入，引入活动内容

引导语：亲爱的小朋友们，你们今天吃过早餐了吗？你们吃过八宝粥吗？八宝粥是什么样子的？

小结：对啦，八宝粥里有大米、红豆、黑米等。如果把五种不同颜色的大米或豆子一起煮，就成了五彩饭啦。今天，我们一边学做五彩饭，一边学唱儿歌吧！

二、播放儿歌，引导幼儿感知儿歌内容

1. 播放儿歌，引导幼儿初步感知儿歌内容。

提问：儿歌里说到的五彩饭是用什么制作的？

小结：儿歌里说到的五彩饭是用大米、黄米、红米、黑豆、绿豆做成的，香喷喷的。

2.引导幼儿完整地欣赏儿歌，并学说"白白白米饭……黄黄黄米饭……"的句子。

三、引导幼儿动手操作，绘画五彩饭

1.出示教师示范画，引导幼儿观察。

引导语：五彩饭好看吗？现在，你们也来画五彩饭吧！

2.引导幼儿尝试绘画，并说一说自己的方法。

提问：你们是怎么画豆子的？又是怎么画大米的？

小结：原来，各种各样的豆子、米的形状和大小都不相同，绘画时要注意均匀用力，保持纸张平整。

四、引导幼儿相互欣赏作品，礼貌交流

引导语：哪盘五彩饭最好吃呀？每人选一盘五彩饭，选出之后，请好朋友来吃。一边做请的动作，一边说一句好听的话。

提问：你选的是谁画的五彩饭？请你用一句好听的话告诉大家。

附：儿歌

五彩饭

白白白米饭！

黄黄黄米饭！

红红红米饭！

黑黑黑豆饭！

绿绿绿豆饭！

教学活动四　有趣的贝类小海鲜（科学）

【活动目标】

1.观察蛤蜊、扇贝的外形特征，知道它们身体柔软、有硬壳，丰富词汇"粗糙"。

2.了解蛤蜊吐水、扇贝游动的生活习性。

3.感受贝类海鲜的美味，欣赏贝壳工艺品的精美。

【活动准备】

1.视频《会游泳的扇贝》。

2.将幼儿收集的贝壳制成装饰品（如风铃、小螺号等）并布置贝壳展。

3.准备蛤蜊、扇贝实物，将一部分蛤蜊用海水浸泡，将另一部分蛤蜊洗净后煮熟。

【活动过程】

一、出示蛤蜊和扇贝，请幼儿自由观察，了解蛤蜊、扇贝的外形特征

提问：蛤蜊像什么？壳上面有什么？扇贝像什么？外壳摸起来有什么感觉？（教师引导幼儿丰富词汇"粗糙"。）

小结：蛤蜊的壳硬硬的，表面挺光滑，有花纹，就像漂亮的小石头。扇贝的壳颜色鲜艳，像扇子一样，摸起来很粗糙。

二、请幼儿观察打开的蛤蜊和扇贝，知道它们身体柔软、有硬壳，是贝类

提问：看一看，摸一摸，它们有什么一样的地方？

小结：它们的身体都是软软的，外壳都是硬硬的。它们有一个共同的名字，叫"贝"。

三、播放视频，引导幼儿观察扇贝游动的样子

请幼儿猜想扇贝是否会"走路"。

播放视频《会游泳的扇贝》，引导幼儿观察扇贝是如何游动的。

小结：扇贝平时不怎么活动，遇到危险时，就会用迅速开合贝壳的方法来游动，游得还很快，就像小鸟飞一样。

四、请幼儿观察、品尝蛤蜊，了解蛤蜊吐水的生活习性

1.出示浸泡在海水中的蛤蜊，请幼儿仔细观察蛤蜊如何吐水。

提问：蛤蜊伸出两根像小管子一样的东西是在干什么呢？蛤蜊为什么要吐水？

小结：蛤蜊在吐水。蛤蜊吐水是在呼吸和过滤食物，就像我们要呼吸新鲜空气一样。蛤蜊吐水时还可以把体内的泥沙排出来。

2.请幼儿观察、品尝煮熟的蛤蜊，感受海鲜的美味。

提问：蛤蜊是什么味道的？煮熟后，蛤蜊壳有什么变化？蛤蜊壳可以用来干什么？

小结：蛤蜊的味道很鲜美。煮熟后，蛤蜊壳张开了。蛤蜊壳可以用来做工艺品。

五、请幼儿参观贝壳展览，知道贝壳在生活中的妙用，欣赏工艺品的艺术美

提问：这些漂亮的风铃和小螺号是用什么做的？你最喜欢哪一个？

小结：贝类不仅味道鲜美，它们的壳还可以用来制作工艺品。

教学活动五　美味的蛋（健康）

【活动目标】

1. 认识蛋糕、蛋挞、蛋卷、荷包蛋等蛋类食品，知道蛋类食品有营养。

2. 大胆地与同伴交流自己品尝蛋类食品的感受。

3. 愿意与同伴分享自己带来的蛋类食品。

【活动准备】

1. 课件《蛋宝宝的秘密》。

2. 餐盘、勺子。

3. 请家长为幼儿准备一份蛋类食品，如番茄炒蛋、荷包蛋、蛋饼、蛋卷、鸡蛋布丁、蛋挞、面包、咸蛋、皮蛋等。

【活动过程】

一、请幼儿将自带的蛋类食品摆放在桌上，引导幼儿认识各种蛋类食品

引导语：请将你们带来的蛋类食品摆放在桌子上。

请幼儿观察、讨论，了解各种蛋类食品。

提问：哪些食物里面有蛋？为什么有的食物里有蛋却看不出来？（教师引导幼儿观察、讨论，发现用蛋能制作出不同的食物。）

小结：这些食物里面都有蛋，这些都是我们常说的蛋类食品。有一些蛋经过加工处理和其他食物融合在一起了，所以我们看不出来。

二、请幼儿品尝蛋类食品，分享、交流品尝后的感受

1. 请幼儿介绍自己带来的蛋类食品。

提问：你们带的是什么？是怎么做出来的？

教师结合蛋类食品实物，总结幼儿交流情况。

小结：荷包蛋就是生鸡蛋去壳后在开水里煮熟或在热油里煎熟的；蛋糕

是把蛋和面粉搅拌在一起，加入糖，放在烤箱里烤熟的；咸鸭蛋是把生的鸭蛋浸泡在盐水里，等鸭蛋变咸后再煮熟的。

2. 请幼儿选择自己想吃的蛋类食品，品尝其味道。

提问：你们最喜欢吃哪一种蛋类食品？它们是什么味道的？

引导幼儿交流品尝蛋类食品后的感受。

3. 鼓励幼儿互相分享、品尝带来的蛋类食品。

小结：番茄炒蛋尝起来酸酸的、香香的，做拌饭最好吃；蛋挞外酥里嫩；鸡蛋布丁看上去就像一个布丁果冻一样，很有弹性；面包香甜可口；咸蛋、皮蛋有点儿咸，但嚼起来很香。这些蛋类食品都很美味。

三、引导幼儿观看课件《蛋宝宝的秘密》，了解蛋类食品的营养

1. 提问：你们还知道哪些蛋类食品？

播放课件《蛋宝宝的秘密》，引导幼儿了解多种多样的蛋类食品。

2. 提问：为什么要吃蛋呢？

小结：蛋类食品中含有丰富的蛋白质，能让小朋友的身体棒棒的。小朋友们，要多吃蛋类食品哟！

第二周　啊呜，我会吃

主题活动内容安排表

区域或活动	活动材料及关键活动
信息交流区	啊呜，我会吃： 活动材料：各种各样的水果、蔬菜，餐勺等进餐工具使用图片。 关键活动：引导幼儿学习进餐工具的使用方法
图书阅读区	经典绘本阅读： 活动材料：绘本《月亮的味道》《如果不吃青菜》《爱吃青菜的鳄鱼》《我绝对绝对不吃番茄》《啊呜！一起吃》《怎么吃饭才营养》。 关键活动：引导幼儿通过阅读，知道我们的身体需要各种各样的食物，并用较完整、清楚的语言讲述绘本中简单的故事情节

区域或活动	活动材料及关键活动
角色 扮演区	1. 给娃娃喂饭。 活动材料：家庭成员的衣服，蔬菜、水果模型，毛绒玩具，皱纹纸，水果包装纸，餐盘，等等。 关键活动：引导幼儿尝试用不同的材料给娃娃做各种美味的餐点，与同伴轮流给娃娃喂饭，体验和同伴一起玩角色扮演游戏的快乐。 2. 月亮的味道。 活动材料：绘本《月亮的味道》、角色头饰、故事音频。 关键活动：引导幼儿自由选择角色，跟随故事音频表演故事，并加上生动有趣的动作
拼插 建构区	1. 圆圆的果子。 活动材料：雪花片，苹果、橘子、西瓜的图片和实物。 关键活动：引导幼儿尝试运用环形插的方法拼插苹果、橘子、西瓜等圆形水果，并用不同的颜色拼插水果的不同部位。 2. 萝卜农场。 活动材料：各种形状的积木、水果和蔬菜的图片、搭建方法图例、萝卜农场的图片、各种生活材料。 关键活动：引导幼儿按颜色或形状进行垒高，并选择生活材料来装饰农场
益智 游戏区	好饿的小蛇： 活动材料：绘本《好饿的小蛇》，福禄贝尔玩具。 关键活动：引导幼儿尝试用长短条连接、圆形拼接、大小叠套等方法拼摆好饿的小蛇，并用不同颜色的玩具表征不同的水果
科学 发现区	给小动物喂食： 活动材料：不同形状嘴巴的小动物盒子，各种颜色、形状的勺子。 关键活动：引导幼儿认识圆形、三角形、正方形等不同的形状，感受这些形状的特征，在此基础上按照——对应的方法给小动物喂食
美工 制作区	1. 可爱的餐具。 活动材料：各种各样的餐具、范例图片、各种颜色的水粉颜料、画纸、画笔、皱纹纸、橡皮泥。 关键活动：引导幼儿尝试选择不同材质、大小的餐具，用拓印、涂鸦等多种方法大胆创作。 2. 蔬果沙拉。 活动材料：太空泥、各种蔬果的图片、碗的图片。 关键活动：引导幼儿用揉、捏、压等方法制作多样的蔬果沙拉

续表

区域或活动	活动材料及关键活动
音乐表演区	做饭饭： 活动材料：歌曲《做饭饭》、围裙、玩具锅铲、乐器、小音箱。 关键活动：引导幼儿自主选择喜欢的蔬菜和水果围裙，根据歌曲图谱，声音响亮地演唱歌曲，并做出相应的动作
教学活动	1. 零食大集合（健康）。 2. 做饭饭（音乐）。 3. 好朋友夹心饼干（科学）。 4. 我会用勺子（综合）。 5. 美味的午餐（美术）
户外体育活动	集体游戏：小刺猬背枣。 分散活动：蚂蚁运粮、大风和树叶
生活活动	1. 指导幼儿根据洗手儿歌，按照七步洗手法洗手，知道吃食物前要洗手。 2. 投放取餐牌，引导幼儿根据餐点数取餐点。 3. 关注幼儿进餐过程，引导幼儿一手扶碗一手拿勺，专心吃饭，细嚼慢咽，不掉饭粒，轻拿轻放
环境创设	1. 创设"我会用餐具"主题墙，张贴幼儿正确使用餐具的图片，引导幼儿交流正确使用餐具的方法。 2. 设计"我会整理"版面，张贴幼儿餐后整理的图片，引导幼儿巩固餐后要做的事项，并为自己能够整理而感到高兴
家园社区	1. 请家长引导幼儿不过度吃零食，并坚持餐前、睡前不吃零食。 2. 请家长在家中引导幼儿正确使用餐具，并帮助幼儿做好餐前准备和餐后整理。 3. 请家长带领幼儿阅读《啊呜！一起吃》，引导幼儿吃饭时注意桌面卫生，掉饭粒后能够及时捡起来，放到垃圾盘中

教学活动一　零食大集合（健康）

【活动目标】

1. 知道零食的多样性，了解多吃零食的危害。

2. 尝试说出适量、科学吃零食的方法，做到餐前不吃零食、玩耍时不吃零食、睡觉前不吃零食。

3. 有科学吃零食的意识，懂得保护自己。

【活动准备】

课件。

【活动过程】

一、用课件出示超市的图片，激发幼儿兴趣

提问：今天是我们一起逛超市的日子，你们知道超市里有什么好吃的吗？

二、借助课件，引导幼儿知道零食的多样性，了解多吃零食的危害

1. 用课件出示各种各样零食的图片，引导幼儿了解零食的多样性。

提问：超市里都有哪些零食呢？

小结：超市里有很多零食，如巧克力、糖果、饼干、膨化食品、糕点、果脯蜜饯、坚果、肉干等。

2. 结合课件中的故事，与幼儿讨论交流，引导幼儿了解多吃零食的危害。

提问：故事中的人物为什么会肚子疼？

小结：故事中的人物一次性吃掉了很多零食，还喝了一罐冷饮。零食里含有很多防腐剂、色素、糖等，如果一次性吃很多零食，那么我们的身体会非常不舒服，严重的话需要送医治疗。

三、引导幼儿说出适量、科学吃零食的方法，做到餐前不吃零食、玩耍时不吃零食、睡觉前不吃零食

1. 引导幼儿讨论交流，说一说怎样吃零食才健康。

提问：怎样吃零食才健康？

2. 与幼儿交流，和幼儿共同梳理健康吃零食的方法。

提问：关于健康吃零食，你有哪些好方法？

小结：在吃零食时，首先要经过爸爸妈妈的同意，吃零食要适量，一次不能吃太多。注意，在吃饭前、出去玩耍时、运动前以及睡觉前是不能吃零食的。此外，辛辣刺激的零食也不能吃。选择零食的时候，可以在爸爸妈妈的帮助下选择少油、少糖、少盐的健康烹饪方式制作的零食。当然，爸爸妈妈自制的零食是优选哟！

四、和幼儿共同学习《食品安全歌》，培养幼儿科学吃零食的意识，使他们懂得保护自己

提问：你听过《食品安全歌》吗？

小结：平时吃零食时，要想一想这些零食是否健康，培养科学吃零食的意识，保护好自己。

附：儿歌

食品安全歌

小朋友，要记好，食品安全很重要。

小地摊，买食品，细菌又多不卫生。

小零食，要少吃，多吃水果和蔬菜。

教学活动二　做饭饭（音乐）

【活动目标】

1.理解歌词内容并学唱歌曲，能唱准附点八分音符。

2.能随歌曲合拍地做炒菜、做饭的动作。

3.感受歌曲轻快、活泼的旋律，表现出歌曲体现的欢快情感。

【活动准备】

1.课件。

2.每个幼儿1套围裙、玩具锅铲、玩具手偶。

3.引导幼儿观察、模仿爸爸妈妈做饭的动作，积累做饭的生活经验。

【活动过程】

一、出示玩具手偶，引发幼儿兴趣，引导幼儿初步感受呼应对话的演唱形式

带领幼儿跟随《做饭饭》的音乐节奏拍手走进教室，引导幼儿初步感受歌曲的旋律。

提问：这是哪里？是干什么的地方？

小结：厨房是爸爸妈妈为我们准备美味饭菜的地方。

二、用课件出示洗菜、切菜的动作，引导幼儿模仿动作，指导幼儿学习、掌握附点八分音符的节奏

引导幼儿扮演厨师，一边模仿洗菜、切菜的动作，一边学习附点八分音符的节奏。

洗洗 | 洗洗洗 | 洗.洗洗洗 | 洗—|

切切 | 切切切 | 切.切切切 | 切—|

三、引导幼儿学唱歌曲，重点指导幼儿唱准附点八分音符

1. 完整地演唱一遍歌曲。

提问：歌曲中的小朋友是怎么做饭的？你还听到歌曲中唱了什么？

2. 运用教具，帮助幼儿进一步理解歌曲。

出示玩具锅铲，请幼儿学一学做饭的动作，引导幼儿讨论要怎么做饭，并根据幼儿的讨论用歌词进行总结。

3. 鼓励幼儿跟随音乐完整地演唱歌曲，提醒幼儿用自然的声音演唱。

四、指导幼儿尝试表演歌曲

1. 提供围裙、玩具锅铲等道具，引导幼儿边唱边随音乐合拍地做炒菜、做饭的动作。

2. 请幼儿分角色表演歌曲。

请个别幼儿扮演爸爸、妈妈，其他幼儿表演歌曲。可以让幼儿唱完歌后齐声说"爸爸妈妈，请吃饭"，以增加表演的趣味性。

教学活动三　好朋友夹心饼干（科学）

【活动目标】

1. 了解饼干的不同形状，学会给饼干分类。

2. 能够根据饼干的形状制作夹心饼干，并涂抹酱料。

3. 体验制作夹心饼干的乐趣，以及与好朋友分享的快乐。

【活动准备】

1. 形状不同（三角形、圆形、长方形）的饼干、小勺、果酱、一次性桌布、蛋糕盘等。

2. 幼儿对常见的形状有初步的认识，认识夹心饼干。

【活动过程】

一、创设"参观饼干商店"的情境，引导幼儿初步感知饼干形状的多样性

提问：你们看到了什么形状的饼干？

小结：有三角形、圆形、长方形的饼干，日常生活中饼干的形状是多种多样的。

二、引导幼儿玩送饼干宝宝回家的游戏，按照形状给饼干分类

提问：你的饼干是什么形状的？它要回哪个饼干妈妈的家呢？

小结：饼干妈妈感谢你把饼干宝宝送回了家。

三、引导幼儿制作夹心饼干，涂抹酱料，巩固对形状的认识

1. 出示夹心饼干，引导幼儿观察。

提问：你们见过这种饼干吗？它跟普通的饼干有什么不一样？

小结：夹心饼干中间有酱料，由两个形状一样、大小一样的饼干组成。

2. 引导幼儿制作夹心饼干，体验制作的乐趣。

提问：你们想制作什么形状的夹心饼干？

儿歌：两个好朋友，见面抱一抱，好朋友夹心饼干就做好了。（教师结合儿歌引导幼儿做夹心饼干，体验动手制作的乐趣。）

四、引导幼儿与好朋友分享夹心饼干，升华情感

鼓励幼儿与好朋友分享夹心饼干，体验分享的快乐。

教学活动四　我会用勺子（综合）

【活动目标】

1. 了解勺子的组成部分，学习正确使用勺子的方法。

2. 能在进餐时一手扶碗，另一手正确使用勺子。

3. 懂得要做文明进餐好宝宝，开心地享受用餐过程。

【活动准备】

1. 文明进餐视频。

2. 神奇餐具百宝箱，勺子、筷子、叉子、碗、盘子等餐具，花生豆。

3. 积累在餐厅或饭店吃饭的经验，将文明进餐的礼仪迁移应用。

【活动过程】

一、出示神奇餐具百宝箱，激发幼儿兴趣

将生活中常见的餐具，如勺子、筷子、叉子、碗、盘子等放入神奇餐具百宝箱中，引导幼儿在摸一摸、猜一猜的游戏中说出餐具的名称和用途。

二、出示勺子，引导幼儿了解勺子的组成部分，学习正确使用勺子的方法

1. 出示勺子，引导幼儿讨论交流勺子的特征。

提问：勺子是什么样的？摸上去有什么感觉？

小结：勺子有两部分，大大的脑袋是勺头，顶端是勺柄。勺子摸起来硬硬的、滑滑的。

2.分发勺子，引导幼儿根据儿歌学习正确使用勺子的方法。

儿歌：小手打开，变成手枪，握住勺柄，右手握勺，左手扶碗，吃饭香喷喷。

教师巡回指导，观察幼儿握勺子的姿势是否正确。

三、通过舀豆子游戏，引导幼儿巩固进餐时左手扶碗、右手握勺的方法

提问：怎样才能把花生豆舀到碗里？

每组桌子上都有一盘花生豆，请幼儿用勺子把花生豆舀到碗里，引导幼儿左手扶碗，右手拿勺子舀花生豆，重点提醒幼儿正确使用勺子的方法。

四、引导幼儿观看文明进餐的视频，进一步巩固进餐礼仪

小结：吃饭前要洗手，掉落在地面上的食物不要捡起来继续吃；不要用手抓饭菜；不夹其他小朋友碗里的饭菜；不使用其他人用过的餐具；吃饭时，要保持安静。

教学活动五 美味的午餐（美术）

【活动目标】

1.了解幼儿园午餐的种类和多样性。

2.大胆尝试用团、搓的方法制作自己喜欢的午餐食物。

3.体验用太空泥制作午餐食物的乐趣。

【活动准备】

幼儿园午餐的图片、各色太空泥、提前画好餐盘的画纸。

【活动过程】

一、组织谈话，激发幼儿兴趣，唤起幼儿已有的经验

提问：幼儿园的午餐中，你们最喜欢吃什么？

小结：幼儿园的午餐中有好多种食物，可以分为主食类、蔬菜类、肉类、海鲜类和汤类。

二、创设"太空泥大变身"情境，引导幼儿学习团、搓等方法

1.引导幼儿自由探索太空泥能变成什么样子。

2.示范讲解团、搓的方法。

团：将太空泥放在手心，两只小手轻轻揉，揉得泥团光溜溜。

搓：压一压、擀一擀，一样粗细才好看。

3. 引导幼儿尝试用团和搓的方法让太空泥变身。

三、创设"小小厨师"情境，引导幼儿尝试用团和搓的方法制作自己喜欢的午餐食物

引导幼儿自由选择不同颜色的太空泥，用团和搓的方法制作自己喜欢的午餐食物，指导幼儿注意保持桌面整洁。

四、创设"午餐品尝会"情境，引导幼儿分享自己制作的午餐食物，体验创作的乐趣

提问：你们制作了什么食物？用的是什么方法？快来介绍一下吧！

第三周　全都吃光啦

主题活动内容安排表

区域或活动	活动材料及关键活动
信息 交流区	我是光盘小达人： 活动材料：光盘小达人、农民伯伯种庄稼等的图片。 关键活动：引导幼儿了解食物来之不易，不能浪费食物
图书 阅读区	经典绘本阅读： 活动材料：绘本《饭先生和菜小姐》《今天吃什么》《用什么做的呀》《让我更强壮的食物》。 关键活动：引导幼儿认真观察图片，简单讲述绘本的主要内容，知道不挑食对身体很重要
角色 扮演区	1. 水果店。 活动材料：创设"水果店"情境用的桌子、桌布、盒子、小篮子、玩具水果等。 关键活动：引导幼儿和同伴用礼貌用语，如"请""谢谢""不客气"等玩买卖水果的游戏，体验角色扮演的乐趣。 2. 饭先生和菜小姐。 活动材料：《饭先生和菜小姐》绘本中的图片、饭先生和菜小姐头饰、故事音频。 关键活动：引导幼儿自选角色，跟随故事音频表演故事，并加上有趣的动作

区域或活动	活动材料及关键活动
拼插建构区	1. 我喜欢的食物。 活动材料：雪花片、拼插方法图、各种各样食物的图片。 关键活动：引导幼儿使用雪花片采用一字插、环形插和十字插的方法组合拼插自己喜欢的食物。 2. 光盘餐厅。 活动材料：积木、食物作品、搭建方法图。 关键活动：引导幼儿使用积木运用平铺、围拢、连接等多种方法搭建光盘餐厅
益智游戏区	给娃娃送水果： 活动材料：娃娃图片3张，苹果图片2张，香蕉图片3张。 关键活动：引导幼儿用一一对应的方法比较物品的多少，感知多、少、一样多
科学发现区	蔬菜奶奶过生日： 活动材料：粗细、大小不同的萝卜5个，长短不同的黄瓜4根，粗细、长短不同的茄子2个，青椒1个，萝卜、黄瓜、番茄、茄子、青椒的图片，1～5的数字卡片。 关键活动：认识不同种类的蔬菜，感受蔬菜的长短、大小、粗细等形状特征，重点指导幼儿将蔬菜按一定的规律排序
美工制作区	1. 面条和饭团。 活动材料：各种颜色的卡纸、皱纹纸、报纸、画笔、双面胶等。 关键活动：引导幼儿尝试沿洞洞、直线撕长条和大块，鼓励幼儿大胆想象、创作自己喜欢的面条和饭团，并有耐心地完成作品。 2. 食品加工厂。 活动材料：各种颜色的黏土、皱纹纸、报纸、纸盒、果壳、小豆等。 关键活动：引导幼儿学习用团圆、压扁等泥塑技法表现食品的特点，并用包和拧的方式"包装食品"，萌发乐于动手制作的愿望
音乐表演区	香甜的水果在哪里： 活动材料：《香甜的水果在哪里》歌曲及歌曲图谱、服装、乐器、小音箱。 关键活动：引导幼儿用自然、愉快的声音演唱歌曲，与同伴分角色表演，体验表演的快乐

续表

区域或活动	活动材料及关键活动
教学活动	1. 怕浪费婆婆（语言）。 2. 香甜的水果在哪里（音乐）。 3. 五彩面条（美术）。 4. 吃饭不挑食（健康）。 5. 大大小小的菜宝宝（数学）
户外 体育活动	集体游戏：卷白菜心。 分散活动：小兔跳彩圈、踩影子
生活活动	1. 午餐时指导幼儿运用推、铲、挑的方法用勺子吃饭，提醒幼儿不要用手抓菜。 2. 结合漱口儿歌，指导幼儿学习正确漱口的方法，使幼儿养成及时漱口的习惯
环境创设	1. 创设"光盘小宝贝"打卡墙，给吃饭有进步的幼儿分发奖励贴纸，并鼓励幼儿不挑食，喜欢吃幼儿园的饭菜。 2. 拍摄幼儿在活动区制作美食、愉快进餐的照片，指导幼儿与同伴说一说自己的小故事
家园社区	1. 请家长在家中引导幼儿参与美食制作，体验做饭的辛苦，懂得珍惜饭菜，不随意浪费粮食。 2. 请家长在家中引导幼儿吃多少拿多少，循序渐进地做光盘小宝贝。 3. 请家长通过亲子阅读，引导幼儿了解粮食的生长过程和食物的制作过程

教学活动一　怕浪费婆婆（语言）

【活动目标】

1. 初步了解"怕浪费"的含义，知道勤俭节约、不浪费粮食是一种优秀的品质。

2. 能用清楚、连贯的语言向同伴讲述自己的节约故事。

3. 体验做一个节约小宝贝的快乐和自豪感。

【活动准备】

1.《怕浪费婆婆》课件。

2. 幼儿节约物品的图片。

【活动过程】

一、用课件出示《怕浪费婆婆》绘本中的图片，激发幼儿兴趣，导入活动

提问：这是谁？她长什么样子？

小结：这是一位老婆婆，她有一个很不一样的名字，她叫"怕浪费婆婆"。

二、播放课件，讲述绘本故事，引导幼儿初步理解"怕浪费"的含义，知道要节约、不浪费粮食和其他物品

1. 完整讲述绘本故事，引导幼儿理解故事内容。

提问：怕浪费婆婆在故事里害怕哪些东西被浪费掉？

小结：怕浪费婆婆害怕浪费粮食、水、纸、铅笔头、橘子皮、电，她害怕浪费的东西有很多。

2. 再次出示绘本图片，引导幼儿理解"怕浪费"的含义。

提问：你知道什么是"怕浪费"吗？怕浪费婆婆为什么要这么节约呢？

小结："怕浪费"实际上就是节约。我们生活中的很多物品都是好不容易才得来的，如果随意浪费掉，真是太可惜了，所以怕浪费婆婆才这么节约。

3. 引导幼儿集体讨论。

提问：怕浪费婆婆见到被浪费的东西后，做了些什么事情呢？

小结：怕浪费婆婆将揉成团的纸做成了怪物玩偶，将橘子皮晒干泡澡……将废物再利用，也是节约的一种好方法。

三、播放课件，出示图片，引导幼儿用清楚、连贯的语言向同伴讲述自己的节约故事

1. 出示自己节约物品的图片，讲述自己的节约故事。

引导语：老师做了很多节约的事情，我也成为怕浪费老师啦！

2. 引导幼儿小组交流，说一说自己的节约故事。

提问：你做了哪些节约的事情呢？

小结：原来，你在生活中做了这么多节约的事情。其实，把饭菜都吃光、随手关灯关水龙头、正反面画画等都是节约的好方法。

四、引导幼儿设计"我是节约小宝贝"墙面

引导幼儿在活动区设计"我是节约小宝贝"墙面，并鼓励幼儿在生活中争做节约小宝贝。

教学活动二　香甜的水果在哪里（音乐）

【活动目标】

1. 学唱歌曲，理解歌曲内容，初步感受呼应对话的演唱形式。

2. 能根据水果的名称，和同伴一起寻找相应的水果，开展游戏。

3. 感受歌曲的愉快情绪，愿意在同伴面前表现自己。

【活动准备】

1.《香甜的水果在哪里》伴奏音乐、能够分句出示的教师手绘歌曲图谱。

2. 玩具手偶、各种水果的头饰。

【活动过程】

一、出示玩具手偶，引发幼儿兴趣，引导幼儿初步感受呼应对话的演唱形式

提问：这是谁？小虎去哪里了？我们把它叫出来吧！

师幼一问一答，引导幼儿感受呼应对话的有趣。

二、出示水果头饰，引导幼儿理解呼唤和寻找水果宝宝的歌曲内容，学唱歌曲

1. 清唱一遍歌曲，引导幼儿初步理解歌曲内容。

提问：是谁在捉迷藏？

小结：原来是苹果啊！

2. 再清唱一遍歌曲，引导幼儿进一步理解歌曲内容。

提问：苹果被找到后说了些什么呀？

小结：我在这里，我在这里，哈哈哈哈。

3. 根据伴奏音乐演唱一遍歌曲，引导幼儿学唱。

提问：和苹果宝宝玩捉迷藏游戏是一种什么感受？

小结：和苹果宝宝玩捉迷藏游戏太高兴了，我们都哈哈哈哈地大笑起来。

4. 根据伴奏音乐，和幼儿共同演唱歌曲，感受歌曲欢快的情绪。

引导语：我们一起来找一找苹果宝宝吧！

三、出示水果头饰，引导幼儿自选水果头饰，与同伴进行寻找水果的音乐游戏

1. 出示各种水果的头饰，和幼儿共同熟悉水果的名称。

提问：都有哪些水果宝宝在和我们一起做游戏呢？

小结：原来，香蕉、西瓜、桃子、橙子、橘子都来和我们一起做游戏啦！

2. 讲述游戏规则，引导幼儿自选水果头饰进行游戏。

游戏规则：选到同一种水果的小朋友靠在一起。唱第一乐句（水果名称）时，小朋友可以小步跑动；唱第二乐句（你在哪里）时，所有小朋友要蹲下；唱第三乐句（我在这里，我在这里）时，拿到相应水果的小朋友站起来，并举起手中的水果；唱第四乐句（哈哈哈哈）时，所有小朋友要起立，哈哈笑。

3. 根据伴奏音乐，与幼儿进行音乐游戏，体验玩音乐游戏的快乐。

四、活动延伸

将教师手绘歌曲图谱投放到音乐表演区，鼓励幼儿和同伴共同表演。

教学活动三　五彩面条（美术）

【活动目标】

1. 学习双手合作、手眼协调地沿着线撕纸条的技巧。

2. 能沿着线撕出长长的纸条，并尝试进行色彩搭配。

3. 感受撕和贴带来的快乐。

【活动准备】

1. 课件。

2. 彩色卡纸、水彩笔、手工纸、白乳胶、棉签。

3. 幼儿在家吃过五彩面条。

【活动过程】

一、谈话导入，激发兴趣

引导语：你去过面馆吃面条吗？那里有各种口味的面条。今天，老师带着你一起去看一看吧！

二、创设"参观面馆"情境，引导幼儿学习撕纸的技巧

1. 用课件出示图片，引导幼儿观看图片，了解一碗面的构成。

引导语：面馆要开张啦！我们一起去看看吧！看，这是一碗白面。请你们看看这碗白面在碗里是什么样的。这里有很多配菜，它们是什么颜色、什么形状的？

小结：每碗面都要注意荤素搭配、色香味俱全。色彩的搭配很重要，颜色要丰富，面条要多一些，配菜要少一些。

2. 用课件出示面条示范作品，引导幼儿探索如何撕纸。

引导语：我的面条是用什么做的？谁来试一试？

3. 引导幼儿尝试沿线撕纸，总结撕纸技巧。

提问：你们是怎么撕的？

小结：撕纸时要眼睛看着线，两只手的拇指和食指捏着纸反向撕，慢慢地将纸撕下来。

三、引导幼儿做"面条"，学习撕纸的方法

1. 简单介绍材料，引导幼儿自由发挥想象，撕出各种口味的配菜。

引导语：今天，我为大家准备了彩色卡纸，你们可以用它们撕出各种口味的配菜。这是什么颜色的卡纸？它可以做什么？

2. 巡回指导，引导幼儿操作，鼓励幼儿大胆创作，并帮助能力较弱的幼儿。

四、引导幼儿展示和介绍自己的作品

引导语：哇，面馆开张啦！小朋友制作的面条看上去都好美味啊！谁愿意介绍一下自己今天做了什么面条？这么多面条，你们最喜欢哪一碗？为什么？（教师引导幼儿用完整的语言介绍自己的作品。）

教学活动四　吃饭不挑食（健康）

【活动目标】

1. 知道各种食物对身体的作用，了解吃饭不挑食的重要性。

2. 愿意和同伴交流自己不挑食的好方法。

3. 愿意参与活动，逐步养成吃饭不挑食的好习惯。

【活动准备】

各种各样食物的图片、小动物的图片、幼儿园午餐的图片、幼儿进餐的图片。

【活动过程】

一、出示图片，进行连连看游戏，引导幼儿了解小动物爱吃的食物

提问：你知道这些小动物爱吃什么吗？

小结：小羊爱吃草，小鸡爱吃米，小兔爱吃菜，小猫爱吃鱼，每种小动

物喜欢吃的食物都不一样。

二、出示幼儿园午餐的图片，引导幼儿与同伴交流自己的进餐情况，知道各种各样的食物对身体健康的益处

1.引导幼儿交流自己的进餐喜好。

提问：你们最喜欢吃的食物是什么？

小结：原来每个小朋友都有自己最喜欢吃的食物，而且每个小朋友最喜欢吃的食物都不一样呢！

2.出示各种各样食物的图片，引导幼儿了解食物对身体健康的益处。

提问：这些食物对我们的身体有什么好处呢？

小结：原来各种各样的食物对我们的身体健康都很有帮助，所以我们要吃各种各样的食物，不挑食。

三、出示幼儿进餐的图片，组织幼儿谈话，引导幼儿探索吃饭不挑食的方法

1.引导幼儿找一找谁是文明进餐的好孩子。

提问：这里面哪个小朋友是会好好吃饭的小朋友呢？为什么？

小结：吃饭不挑食会让我们的身体更健康。

2.组织幼儿谈话，引导幼儿探索吃饭不挑食的方法。

提问：如果今天的饭菜里有你们不喜欢吃的饭菜，你们会怎么办？为什么要把它们都吃掉？

小结：原来小朋友都知道，对于自己不喜欢吃的饭菜也要吃掉，要做一个吃饭不挑食的小宝贝。只有这样，我们才能营养均衡、身体健康、快快长大。

教学活动五　大大小小的菜宝宝（数学）

【活动目标】

1.学会按照大小的不同给蔬菜分类，初步了解量的相对性。

2.能用目测法和重叠法比较蔬菜的大小。

3.喜欢数学活动，有按大小整理物品的意识。

【活动准备】

1.大小不同的蔬菜的图片、重叠法的介绍视频、欢快的游戏音乐。

2.大小不同的菜篮模型。

【活动过程】

一、创设"农夫去菜园"情境，导入活动

提问：你们在菜园里都看到了什么？菜园里都有什么蔬菜？

小结：菜园里有篱笆和各种各样的蔬菜，如白菜、青椒、蒜薹、黄瓜、番茄等。

二、出示不同蔬菜的图片，引导幼儿尝试用目测法和重叠法比较蔬菜的大小

1. 出示南瓜、土豆、豌豆这三种大小不同的蔬菜，引导幼儿观察、对比，使用目测法初步了解大小的相对性。

提问：看，这些是什么蔬菜？在这三种蔬菜中，哪种最大？哪种最小？你们是怎么知道的？

小结：我们用眼睛一下子就能看出哪种蔬菜大哪种蔬菜小，这种方法叫作目测法。通过目测法，我们一下子就能知道这些蔬菜里最大的是南瓜，小一点儿的是土豆，最小的是豌豆。

2. 出示三个不同大小的菜篮，引导幼儿往里放置不同大小的蔬菜。

引导语：我们准备把这三种蔬菜摘到菜篮里啦！

提问：这里有三个菜篮，这三种蔬菜要怎么放呢？请你试一下。

3. 巡回指导，观察幼儿放置蔬菜的方法。

4. 请幼儿交流自己放置蔬菜的方法，总结重叠摆放的方法。

提问：你们是怎么放的？为什么要这样放呢？你们是用什么方法比较出它们的大小的呢？

小结：除了用目测法来比较大小外，我们还可以把菜篮叠在一起，用重叠法来比比谁大谁小。大的蔬菜放在大篮子里，小的蔬菜放在小篮子里。

5. 出示不同大小的菜篮模型，引导幼儿用动作来表示大小，进一步感知和理解大小的概念。

提问：这是大篮子，谁能用动作来表示一下它有多大？这是小篮子，谁能用动作来表示一下它有多小？

小结：我们可以用伸直胳膊来表示大，用手靠近一点儿来表示小。

三、借助蔬菜丰收啦游戏，引导幼儿进行大小匹配活动，学习按照大小给物品分类的方法

引导语：菜园里有这么多蔬菜，今天我们要把它们摘下来。应该把它们放到哪里呢？请你们把它们按照大小送到相应的菜篮里吧！

1.说明游戏规则，引导幼儿分组操作。

引导语：每一组小朋友都有一些蔬菜宝宝，请你们一起把蔬菜宝宝放到合适的篮子里吧！

2.播放游戏音乐，引导幼儿操作，并巡回指导。

3.待幼儿完成后，结合幼儿操作情况进行点评。

小结：最大的蔬菜要放到最大的篮子里，小一点儿的蔬菜要放到小一点儿的篮子里，最小的蔬菜要放到最小的篮子里。千万不能放错哟！

四、活动延伸

教室里还有很多玩具宝宝需要我们帮助，它们也是大小不一样的，我们一起把它们送回家吧！

第二节 中班主题课程

主题一 我是文明小食客

主题价值

陶行知指出：与幼儿生活息息相关的就是课程。《我是文明小食客》以问题和结果为导向，紧抓"文明"核心。该主题由《一餐吃多少》（明确饭量）、《一餐吃多久》（把握时间）和《农庄品尝会》（进餐前、进餐中、进餐后礼仪）三个次主题构成，通过引导幼儿感知、表征、体验和操作，递进性地推进课程实施。

主题目标

1.了解取餐量、进餐量、咀嚼量、进餐时间、进餐速度与身体健康的关系，懂得根据自己的饭量和速度吃饱、吃好的益处，能用看钟表、沙漏和同伴等适合自己的方式记录自己每餐的进餐量和进餐速度。

2.能积极参加体育锻炼，提高钻、爬、跑、跳以及和同伴合作游戏的灵敏度。

3.能用较完整、流畅的语言大胆表述自己做文明小食客的成长故事，喜欢聆听、阅读和表演绘本故事。

4.知道幼儿园午餐环节的各项进餐礼仪和卫生习惯，了解家庭中的进餐礼仪，并能够主动遵守，体验做一个文明小食客的快乐。能用手工制作、绘画、唱歌、表演等方式，创造性地感知、表达当文明小食客的有趣体验。

5.学习按规律给物品排序，理解相邻数的概念。

第一周　一餐吃多少

主题活动内容安排表

区域或活动	活动材料及关键活动
信息交流区	进餐的秘密： 活动材料：不同种类、不同量的食物。 关键活动：引导幼儿用连贯的语言表达自己的饭量
图书阅读区	经典绘本阅读： 活动材料：绘本《肚子里有个火车站》。 关键活动：引导幼儿一页一页地翻看绘本，并完整地讲述绘本故事
角色扮演区	1.美食城。 活动材料：太空泥，卡纸，剪刀，厨师、客人的头饰。 关键活动：引导幼儿进行角色扮演，制作适宜食量的营养餐。 2.胖国王与瘦王后。 活动材料：绘本《胖国王》与《瘦皇后》中的图片，狐狸、小熊的头饰。 关键活动：引导幼儿自由分配角色，进行角色扮演
拼插建构区	我家的厨房： 活动材料：不同角度的"我家厨房"的图片、炒饭机器人的图片、现代化厨房电器（如料理机、烧烤盘、餐具消毒柜等）的图片、积木。 关键活动：引导幼儿在前期运用垒高、堆叠、围拢等方法搭建厨房的基础上，用拼插装饰厨房的外部环境，并完善厨房内的配套设施

区域或活动	活动材料及关键活动
益智 游戏区	1. 肚子里有个火车站。 活动材料：绘本《肚子里有个火车站》、福禄贝尔玩具。 关键活动：引导幼儿运用福禄贝尔玩具拼摆绘本故事，体验拼摆的乐趣。 2. 找邻居。 活动材料：1～5 的数字卡片。 关键活动：引导幼儿运用数字卡片玩找邻居的游戏，进一步巩固幼儿对相邻数的认识
科学 发现区	摩擦起电： 活动材料：尺子、气球、纸屑。 关键活动：引导幼儿通过动手操作，感受摩擦起电的奥秘
美工 制作区	可爱的饭碗： 活动材料：彩色卡纸、皱纹纸、面包纸等。 关键活动：引导幼儿运用线描、粘贴等方法表征饭碗
音乐 表演区	乖乖吃饭： 活动材料：《乖乖吃饭歌》歌曲及歌曲图谱、小音箱等。 关键活动：引导幼儿用轻松愉快的声音演唱歌曲，体验健康进餐的快乐
教学活动	1. 生活中的数字（数学）。 2. 我知道吃多少（健康）。 3. 胖国王与瘦皇后（语言）。 4. 美味的午餐（美术）。 5. 乖乖吃饭（音乐）
户外 体育活动	集体游戏：蜈蚣竞走。 分散活动：过小桥、钻山洞
生活活动	1. 引导幼儿了解并记录自己的午餐饭量。 2. 通过餐前幼儿播报，对幼儿进行营养指导；利用集体教育活动"我知道吃多少"、绘本《胖国王》与《瘦皇后》，引导幼儿了解合理、适量进餐的重要性
环境创设	1. 布置"一餐吃多少"主题墙。 2. 与幼儿、家长共同收集与进餐量、健康饮食相关的绘本、图片等物品，将其投放到各个活动区内；引导幼儿从不同层次了解进餐量对身体健康的影响

续表

区域或活动	活动材料及关键活动
家园社区	1.请家长在家中指导幼儿吃晚餐，指导幼儿根据自己的饭量将每一餐吃饱吃好。 2.请家长利用周末时间与幼儿共同完成调查问卷。 3.请家长在家中与幼儿共同讨论自己的进餐量和控制进餐量的方法，营造良好的家庭进餐氛围

教学活动一　生活中的数字（数学）

【活动目标】

1.初步理解数字与人们生活的关系，了解数字在生活中的不同作用。

2.能说出自己知道的数字在生活中代表的不同意思。

3.感受、体验数字给生活带来的便捷。

【活动准备】

1.课件。

2.①数字卡片；②含有数字的生活场景图片；③有数字的物品，如食品袋、钱币、时钟、温度计、大小不一的鞋和衣服等。

3.引导幼儿观察并寻找生活中带有数字的物品。

【活动过程】

一、出示数字卡片，激发幼儿活动兴趣

引导语：今天，老师带来了一群好朋友，请你们看看它们是谁。还会有谁呢？大声说说，看能不能说出它们的名字。我们再一起大声说出它们的名字吧！

提问：你们在哪里见过这些数字？

小结：我们在手机、钟表、日历、衣服上都见过这些数字。数字藏在我们教室里的很多东西上，你们去找一找它们藏在哪里，猜一猜它们表示什么意思。每个小朋友可以挑一样，跟大家分享自己的发现。

二、创设情境，引导幼儿从中寻找数字，探索数字的意义和作用

1.引导幼儿自由寻找有数字的物品，通过对比、讨论探索数字的意义和作用。

2.引导幼儿分享交流，进一步了解数字的意义和作用。

提问：你们找到的东西是什么？上面的数字有什么作用？

小结：原来，我们找到的数字代表的意义是不一样的。数字可以告诉我们温度高低、鞋子大小、纸币面值、生产日期、物品质量、营养成分的含量等。数字的作用可真大呀！

三、出示含有数字的生活场景图片，引导幼儿找一找、说一说生活中的数字，感知数字在生活中的广泛应用

1.引导幼儿分组寻找和探索数字的作用。

提问：图片中哪里有数字？这些数字有什么作用？你们来说一说吧！

2.引导个别幼儿交流自己的发现。

小结：生活中有很多数字，而且这些数字有不同的用途。

四、播放课件，引导幼儿感知数字给生活带来的便捷

提问：图片上发生了什么事情？为什么会这样呢？生活中可以没有数字吗？为什么？

小结：数字的作用可真大！它可以告诉我们时间、地点、车牌号、服饰的大小、货物的价格、物体的长短和质量等，给我们的生活带来了很大的便捷。我们的生活离不开数字朋友。

教学活动二　我知道吃多少（健康）

【活动目标】

1.了解幼儿园午餐食谱中食物的分类，知道定量食物与可添加食物的类别与可添加的范围。

2.能根据自己的饭量说出自己每餐的进餐量。

3.懂得适量、合理饮食的益处。

【活动准备】

1.课件。

2.A3纸、午餐食谱中食物的图片、记录表。

【活动过程】

一、借助谈话，激发幼儿兴趣，导入活动

提问：午餐时，你们都吃了什么？请你们说一说。

二、出示午餐食谱中食物的图片，引导幼儿通过自主分类，了解幼儿园午餐食谱中食物的分类，通过观察与谈话知道定量食物与可添加食物的类别

与可添加的范围

1. 出示 A3 纸，引导幼儿自主将午餐食谱中的食物进行分类。

导入语：在你们的桌子上有很多食物，请你们给这些食物分分类。

巡回指导，观察幼儿的分类情况。

2. 引导幼儿在小组内交流分类情况，和幼儿共同梳理午餐食谱中食物的分类，并将其画在 A3 纸上。

提问：你们小组将午餐食谱中的食物分成了几类？为什么这么分？

小结：原来，幼儿园的午餐食谱中有很多种食物，每餐都有蔬菜、肉或海鲜、主食和汤这四类。

3. 根据午餐食谱中食物的分类，引导幼儿了解每一顿午餐中定量食物与可添加食物的类别。

提问：这几种食物里有哪些是吃完不能再要的？有哪些是吃完还可以再要的？

小结：吃午餐时，肉和海鲜是定量的，吃完就不能再要了，吃多了会导致营养过剩，造成肥胖。主食、蔬菜和汤，吃完还可以再要。

4. 根据午餐食谱中食物的分类，引导幼儿了解可添加食物的可添加量。

提问：主食、蔬菜和汤这三类食物吃完一份还可以再要。那么，可以再要多少呢？为什么不能超过这些量？

小结：最多可以吃两份（蔬菜两份，汤两碗，米饭两份，包子两个，肉末卷两个，馒头两个）。但是，必须将第一份全部吃完，才可以再要第二份，而且添加时也不能过量，不然就变成胖娃娃了。

三、引导幼儿了解定量、合理吃饭的益处，并根据自己的饭量说出自己午餐的进餐量

1. 用课件出示不爱吃饭的小朋友与他生病的图片，引导幼儿了解合理饮食的重要性。

提问：小朋友为什么会生病？为什么餐盘上要有蔬菜、肉或海鲜、主食和汤这四类食物？

小结：因为挑食，每种食物吃得都很少，所以小朋友才会生病。菜盘上这四类食物是我们每个小朋友每顿午餐都应该吃的量，不能再少了。

2. 用课件出示午餐的图片，引导幼儿结合自己的饭量说出自己午餐的进餐量。

提问：今天的午餐都有什么？你们准备吃多少？

小结：在取餐和吃饭时，要根据自己的饭量，在确保能吃饱的情况下吃好。

四、活动延伸

出示记录表，请幼儿记录自己午餐的进餐量。

教学活动三 胖国王与瘦皇后（语言）

【**活动目标**】

1. 理解绘本中国王太胖、皇后太瘦的内容，并了解国王变瘦、皇后变胖的原因。

2. 能结合自己的生活经验，用连贯的语言说出自己午餐的进餐量。

3. 明白绘本中合理饮食的道理。

【**活动准备**】

1. 课件。

2. 一份标准午餐的图片。

【**活动过程**】

一、用课件出示胖国王、瘦皇后的图片，激发幼儿兴趣

提问：亲爱的小朋友们，他们为什么会变成这个样子？

小结：他们可能是吃得太多或者太少了。我们一起来听一听绘本里是怎么说的。

二、完整讲述绘本故事，引导幼儿理解绘本的主要内容，了解国王和皇后变健康的方法

1. 完整讲述绘本《胖国王》中的故事，了解胖国王的饮食，知道胖国王变健康的方法。

提问：胖国王在生活上有什么困扰？他为什么会变成这样？他是怎么变瘦的？

小结：胖国王不能系鞋带，开会的时候会睡着。他是因为吃得太多才会变胖的。胖国王没有再吃零食，而且每一餐的进餐量都变少了，这样胖国王就慢慢变瘦了。

2. 完整讲述绘本《瘦皇后》中的故事，引导幼儿了解瘦皇后太瘦的原因，知道瘦皇后变健康的方法。

提问：瘦皇后在生活上有什么困扰？她为什么会变成这样？她是怎么变健康的？

小结：瘦皇后总是没有力气，也不爱笑。因为她总是不开心，吃的东西太少了。后来瘦皇后每种东西都吃，营养均衡，慢慢地就变健康了。

三、结合幼儿经验，组织幼儿谈话，引导幼儿了解一餐的进餐量

提问：小朋友们，你们午餐时怎么取餐才能不多也不少？

小结：我们用取餐的勺子从底下挖一勺上来，正好铺满餐盘的一个格子，就是蔬菜或者米饭合适的量，馒头拿一个。

四、活动延伸

午餐时指导幼儿取适量的食物，将餐盘的格子铺满。

教学活动四　美味的午餐（美术）

【活动目标】

1. 学习用团、搓、捏等方法制作光滑、均匀的太空泥作品，并了解不同的太空泥工具。

2. 能按照午餐的种类为自己制作一份午餐，并与同伴分享交流。

3. 体验想象和创造的乐趣。

【活动准备】

1. 课件、视频。

2. 太空泥、纸（分好餐盘区域）、马克笔、油画棒。

【活动过程】

一、谈话导入，激发幼儿兴趣，调动幼儿已有经验

提问：我们的午餐分为哪几类？每一类都有什么？

小结：我们的午餐可以分为主食类、蔬菜类、肉类或海鲜类、汤类，每一类都有我们必须要吃的食物。

二、创设"小小分餐员"情境，引导幼儿学习用团、搓、捏等方法制作光滑、均匀的太空泥作品

1. 播放课件，引导幼儿自主根据食物的大小分太空泥，并试着团光滑、团均匀。

提问：如果你们只有一块太空泥，要怎么制作出午餐食物呢？（教师引导幼儿自主尝试。）

2.给个别幼儿进行示范，总结根据食物大小分太空泥的方法，并教给幼儿将太空泥团光滑、团均匀的方法。

小结：我们在用太空泥制作食物之前，要先根据食物的大小把太空泥分好，大一点儿的食物就分得多一些，小一点儿的食物就分得少一些。在制作太空泥作品时，要用手掌把太空泥揉光滑。在做造型的时候，要轻一些，不要在太空泥表面留下明显的压痕。

3.引导幼儿再次尝试按食物大小分太空泥，并将太空泥团光滑、团均匀。

三、创设"我来做午餐"情境，引导幼儿按照午餐的种类为自己制作一份午餐

引导幼儿按照午餐的种类，每一类先制作一种食物，做完之后如果还有时间，可以再添加一些。提醒幼儿在制作的时候，要注意把太空泥团得光滑一些。

四、创设"午餐品尝会"情境，引导幼儿分享自己制作的午餐，体验想象和创造的乐趣

提问：你们制作了什么食物？快来介绍一下吧！（教师引导幼儿大胆交流。）

五、播放视频，引导幼儿了解不同的太空泥工具

提问：你们看到了什么？

小结：原来我们平时用的筷子、勺子等都可以用来制作太空泥作品。

教学活动五　乖乖吃饭（音乐）

【活动目标】

1.理解歌曲《乖乖吃饭歌》的主要内容，学唱歌曲。

2.掌握附点音符的节奏，能根据歌曲创编动作。

3.体验歌曲带来的愉快感情，愿意在小朋友面前表现自己。

【活动准备】

《乖乖吃饭歌》歌曲及歌曲图谱、课件、小朋友吃饭的图片。

【活动建议】

一、用课件出示小朋友吃饭的图片，激发幼儿兴趣

提问：图片中的小朋友在吃什么？

小结：小朋友在吃香喷喷的午餐，有米饭、蔬菜、肉和汤。看，小朋友吃得多开心啊！

二、播放歌曲，引导幼儿理解歌曲内容，掌握附点音符的节奏

1. 播放第一段歌曲，引导幼儿理解第一段歌曲的内容。

提问：你们听到了什么？

小结：快来快来快来吃饭啦，白白的米饭喷喷香，细嚼慢咽饭前喝汤，心情保持舒畅。（教师用歌曲图谱出示歌曲内容。）

2. 播放第二段歌曲，引导幼儿理解第二段歌曲的内容。

提问：你们听到了什么？

小结：快来快来快来吃饭啦，挑食的孩子不漂亮。少吃零食多吃菜，节约粮食不能忘，人是铁噢饭是钢，一顿不吃饿得慌。跟我一起科学饮食，身体变得越来越棒。

3. 完整播放歌曲，引导幼儿掌握附点音符的节奏。

三、引导幼儿学唱歌曲，根据歌曲图谱创编动作

1. 引导幼儿练习歌曲，提示幼儿演唱时注意表情。

2. 引导幼儿根据歌曲图谱创编动作来表演歌曲。

提问：这一句，你们想用什么动作来表现？

3. 与幼儿共同演唱歌曲。

第二周　一餐吃多久

主题活动内容安排表

区域或活动	活动材料及关键活动
信息 交流区	时间的秘密： 活动材料：沙漏、计时器、钟表等计时工具。 关键活动：引导幼儿用连贯的语言交流进餐时应花费多长时间
图书 阅读区	肚子里的闹钟： 活动材料：绘本《肚子里的闹钟》。 关键活动：指导幼儿一页一页地翻看绘本，了解绘本内容，并进行童书小剧场表演

区域或活动	活动材料及关键活动
角色 扮演区	1. 小医院。 活动材料：各种药盒、吃多了积食的图片、听诊器等。 关键活动：引导幼儿选择医生、护士、病人等进行角色扮演活动。 2. 午餐时间。 活动材料：绘本《午餐时间》中的图片。 关键活动：引导幼儿与同伴自由分配角色，合作进行角色扮演
拼插 建构区	营养餐厅： 活动材料：各种形状的木质积木，自然辅助装饰材料，如花草树木、易拉罐、薯片桶等。 关键活动：指导幼儿用围拢、垒高、连接的方法搭建营养餐厅
益智 游戏区	美食时钟： 活动材料：时钟卡片、美食图片、记录表。 关键活动：引导幼儿通过美食记录表记录时间，学会管理时间
科学 发现区	奇妙的植物： 活动材料：不同的水培植物、记录表。 关键活动：引导幼儿观察，并用简单的符号和图画记录种子的发芽形态和生长过程，培养细致的观察能力
美工 制作区	1. 幼儿园里美食多。 活动材料：贴纸、太空泥、松果、松树枝等。 关键活动：引导幼儿自主选择材料，创造性地表征幼儿园的美食。 2. 我是光盘小能手。 活动材料：彩笔、水粉颜料、卡纸、筷子、太空泥、彩纸等。 关键活动：引导幼儿先表征光盘的小朋友，再用水粉颜料等进行装饰
音乐 表演区	我爱吃饭： 活动材料：《我爱吃饭》歌曲及歌曲图谱、小音箱等。 关键活动：引导幼儿用优美舒缓的声音演唱歌曲，并创编出好看的动作
教学活动	1. 正确咀嚼小奥秘（健康）。 2. 午餐时间（语言）。 3. 午餐时间管理师（综合）。 4. 我们的胃（美术）。 5. 我爱吃饭（音乐）

续表

区域或活动	活动材料及关键活动
户外 体育活动	集体游戏：好玩的轮胎。 分散活动：连在一起、摘果子
生活活动	1. 通过餐前幼儿播报和集体教育活动进行营养指导。 2. 利用绘本《肚子里的闹钟》，引导幼儿了解合理安排进餐时长的重要性
环境创设	1. 创设和布置"一餐吃多久"主题墙。 2. 与幼儿和家长共同收集与进餐时长、饮食健康相关的绘本、图片等物品，与幼儿共同商议，将这些物品投放到活动区；引导幼儿从不同层次了解进餐时长和速度对身体健康的影响
家园社区	1. 请家长在家中帮助幼儿控制进餐时长，指导幼儿在合适的时间内吃饱吃好每一餐。 2. 请家长利用周末时间与幼儿共同完成进餐时长调查问卷。 3. 请家长在家中与幼儿共同讨论自己的进餐时长和方法，营造良好的家庭进餐氛围

教学活动一　正确咀嚼小奥秘（健康）

【活动目标】

1. 了解吃饭要细嚼慢咽，知道不同食物的咀嚼次数和不同位置牙齿的作用。

2. 能根据食物的软硬程度判断食物的咀嚼次数和咀嚼位置。

3. 了解合适的进餐速度对身体的影响，乐于分享进餐好习惯。

【活动准备】

1. 课件。

2. 教具、记录表、不同食物的图片。

【活动过程】

一、谈话导入，激发幼儿活动兴趣

提问：我们每天都要吃饭，那么怎么吃饭才会让我们的身体更健康呢？

小结：你们知道的可真多，我们吃饭时要讲卫生、保持安静，还要细嚼慢咽……

二、操作教具，引导幼儿了解吃饭时要细嚼慢咽，了解合适的进餐速度对身体的影响

操作道具，进行对比实验。

提问：通过这两次实验，你们发现了什么？

小结：第一次实验时，吃得太快，没有好好咀嚼。食物没有嚼烂就被咽下去了，这样食物就无法被身体更好地消化和吸收。第二次实验时，将食物充分咀嚼为很小的小块，这样食物就能被身体更好地消化和吸收了。看来，我们在吃饭的时候一定要细嚼慢咽，不能吃得太快，也不能吃得太慢。

三、引导幼儿讨论交流，了解不同食物的咀嚼次数和不同位置牙齿的作用

1. 引导幼儿与同伴讨论，并通过绘画的方式完成记录表，知道不同食物的咀嚼次数。

提问：吃饭时咀嚼次数太少会导致食物嚼不烂，不容易消化，但是咀嚼次数太多又会导致吃饭时间太长，饭菜放凉后吃进肚子也会导致肠胃不舒服。那么，我们每一口饭咀嚼多少次才合适呢？

小结：我们可以根据食物的软硬程度来确定咀嚼次数。像主食和蔬菜这些比较软的食物，一口可以咀嚼 10 次左右；像肉这种稍微硬一点儿的食物，一口可以咀嚼 15 ～ 20 次。

2. 用课件出示牙齿的图片，引导幼儿了解食物的咀嚼位置。

提问：你知道我们吃饭时需要用到哪些牙齿吗？

小结：我们前面的门牙也叫切牙，其主要作用是切割食物；后面宽宽的牙齿叫磨牙，其主要作用是磨碎食物。我们吃饭的时候，先用切牙把食物咬断，再用磨牙好好咀嚼，将食物磨成泥状，然后吞咽下去。

四、出示软硬程度不同的食物的图片，引导幼儿根据食物的软硬程度判断咀嚼次数和咀嚼位置

引导语：请你来说一说这些食物都需要咀嚼多少次，怎样咀嚼。

教学活动二　午餐时间（语言）

【活动目标】

1. 了解引起小熊肚子疼的原因，知道吃饭过快或过慢都会引起身体不适。

2. 能用连贯、完整的语言表述小熊肚子疼的原因和解决方法。

3. 养成科学把控饮食时长的习惯。

【活动准备】

音乐、小熊肚子疼挂图。

【活动过程】

一、用小熊肚子疼挂图导入,引起幼儿兴趣

提问:小熊怎么哭了?它为什么看医生?

小结:看来大家都很关心小熊,现在我们一起来听听小熊到底发生了什么事情吧!

二、利用挂图讲述故事,引导幼儿了解引起小熊肚子疼的原因,知道要细嚼慢咽地专心进餐

1.引导幼儿观察挂图,讲述故事的第一段,使幼儿了解小熊是怎么吃饭的。

提问:小熊是怎么吃饭的?

小结:原来,午餐里有小熊不喜欢吃的蔬菜,所以其他小动物都吃完了,小熊还没有吃。后来,它为了和好朋友一起玩,就吃得很快。

2.借助挂图,讲述故事的第二段,引导幼儿了解小熊肚子疼的原因,知道要细嚼慢咽地专心进餐。

提问:小熊为什么肚子疼?吃饭过慢会怎样?

小结:午餐吃得太快,食物没有充分咀嚼,大块的食物和唾液不能充分混合,给胃造成了负担,就会导致肚子疼。如果吃得太慢,饭菜变凉后吃到肚子里也会导致肚子疼。所以,要细嚼慢咽地专心进餐。

三、借助挂图,完整讲述故事,促使幼儿养成良好的饮食习惯

提问:小朋友们,中午吃饭的时候怎样吃才不会像小熊一样肚子疼呢?(教师根据幼儿的回答进行总结提升。)

四、活动延伸

将挂图放置在角色扮演区,这样幼儿就可以进行故事表演了。

附:故事

午餐时间

动物幼儿园午餐时间到了,今天的午餐中有小熊最讨厌的胡萝卜,所以当其他小动物高兴地吃午餐时,小熊还在那里玩勺子。过了一会儿,好朋友小狗、小兔子吃完了午餐,它们收拾好餐具,出去散步啦。小熊看着好朋友,不停地尖叫："别让我一个人待着，等我！"但是小兔子提醒他："老师说，必须先吃完饭才能离开。"小熊迅速地对小狗和小兔子说："等一下，我马上就吃完。"小熊急忙把食物倒进嘴里，吞下了它而没有咀嚼。然后放下餐具，与小狗和小兔子一起出去了。没过多久，小熊捂着肚子哭了起来，大喊："我的肚子好痛！我肚子疼！"大家都很害怕，不知道小熊怎么了。

小狗和小兔子一起把小熊送到了医院，河马医生告诉小熊："午餐吃得太快，没有得到充分咀嚼，大块的食物和唾液不能充分混匀，给胃造成了负担，引发了肚子疼。"大家恍然大悟，小熊说："那我以后慢慢吃，吃得很慢很慢就不会肚子疼了。"河马医生又说："如果吃得太慢，饭菜变凉了吃到肚子里也会肚子疼哟。"小熊问："那怎么办？"河马医生说："细嚼慢咽地专心吃饭，在饭菜变凉之前就要把饭菜吃完哟！"小动物们齐声回答："我们知道啦。"

教学活动三　午餐时间管理师（综合）

【活动目标】

1. 了解在幼儿园吃一顿午餐应该控制在 20 ~ 40 分钟，知道利用工具调控自己进餐速度和进餐时间的方法，不过快、过慢地吃午餐。

2. 能通过沙漏提示、触摸饭菜温度、对比同伴进餐速度等方式了解自己的进餐速度和进餐时间，并能用较连贯的语言将自己调控进餐速度与进餐时间的方法与同伴分享。

3. 感受自我支配时间的乐趣。

【活动准备】

1. 课件、音乐（5分钟左右）。

2. 沙漏、钟表、纸、笔。

【活动过程】

一、用课件出示幼儿园午餐的图片，引导幼儿了解在幼儿园吃一顿午餐应该控制在 20 ~ 40 分钟

提问：美味的午餐准备好了，我们在幼儿园里吃午餐大概会用多长时间呢？

小结：在幼儿园里吃午餐时，小朋友们要把控好进餐速度，不能吃得太快，也不能吃得太慢，吃午餐的时间控制在 20 ~ 40 分钟是比较合适的。

二、出示沙漏、钟表等工具，引导幼儿了解多种调控进餐速度和进餐时间的方法

1.引导幼儿讨论交流调控进餐速度和进餐时间的方法。

提问：要想让自己的进餐时间控制在 20 ～ 40 分钟，你们有什么好办法？

2.出示沙漏、钟表等工具，与幼儿共同讨论具体的使用方法。

提问：老师这里有一些计时工具，你们准备怎么用它们来帮助自己调控进餐速度和进餐时间呢？

小结：沙漏里的沙子全部流完是 20 分钟，翻转之后再流完是 40 分钟，只要在第二次流完之前吃完饭就可以。钟表上分针走 4 格就是 20 分钟，只要在分针走 8 格之前吃完饭就可以。

3.播放课件，引导幼儿了解更多的时间管理小妙招。

提问：除了看沙漏和钟表，我们还可以用什么方法来调控自己的进餐速度和进餐时间呢？

小结：我们还可以通过摸一摸饭菜的温度、加快咀嚼速度或减少咀嚼次数、对比同伴进餐速度、数音乐次数等方式调控自己的进餐速度和进餐时间。

三、分发纸、笔，引导幼儿自由选择工具进行进餐速度与进餐时间的调控

1.分发纸、笔，引导幼儿结合自己日常进餐情况，自主选择和绘画调控进餐速度和进餐时间的工具。

提问：亲爱的小朋友们，请你们想一想，在平时吃午餐的时候，你们吃饭的速度是快还是慢。如果吃得很快，那么你们就要想办法慢下来；如果吃得很慢，那么你们就要想办法加快自己的进餐速度。请你们把自己想用的调控进餐速度与进餐时间的工具画出来吧！

2.请幼儿交流自己选择的调控进餐速度和进餐时间的工具以及准备如何使用该工具进行进餐速度和进餐时间的调控。

四、借助我是午餐时间管理师游戏，引导幼儿运用不同的方式调控自己的进餐速度和进餐时间，并用较连贯的语言将自己调控进餐速度和进餐时间的方法与同伴分享，感受自我支配时间的乐趣

1.引导幼儿根据分组和工具选择情况进行我是午餐时间管理师游戏。

2.利用餐后整理、睡前过渡时间，引导幼儿交流自己调控进餐速度和进餐时间的方法，让幼儿感受自我支配时间的乐趣。

教学活动四　我们的胃（美术）

【活动目标】

1. 了解胃的形状，知道胃的上下有管道，胃是弯曲、有弧度的。

2. 能沿曲线撕出胃的形状，并用多种材料表征食物，进行装饰。

3. 乐意讲述自己的作品，感受创作的乐趣。

【活动准备】

1. 课件。

2. 水彩笔、画纸、太空泥、彩纸、胶水。

【活动建议】

一、故事导入，激发幼儿兴趣

引导语：你们知道吗？我们肚子里有一个小闹钟。它是干什么用的呢？让我们一起来听一听吧！

二、引导幼儿分组讨论，了解胃的形状，知道胃的上下有管道，胃是弯曲、有弧度的

1. 播放课件，组织幼儿讨论，引导幼儿了解胃的形状。

提问：你们看到的胃是什么样子的？今天，我们也来制作一下吃完午饭后的胃吧！你们想怎么做？

小结：胃是弯曲、有弧度的，像一个胖胖的月亮，上下还分别有管道输送食物。

2. 出示画纸，引导幼儿回忆经验，探索沿曲线撕纸的方法。

3. 做示范，引导幼儿学习沿曲线撕纸的方法。

提问：双手捏住曲线的两边，按照图案的方向，大拇指和食指配合好，一点一点、一上一下地撕，慢慢地就撕好了。

4. 引导幼儿练习撕纸的方法。

三、创设"我肚子里的食物"情境，引导幼儿利用多种材料制作食物

1. 组织幼儿讨论，引导幼儿分享自己想制作的作品。

提问：你想制作一个什么样的作品？

小结：小朋友们的想法很有创意！

2. 创设"我肚子里的食物"情境，引导幼儿利用多种材料制作食物。

3. 引导幼儿完成作品。

四、创设"作品分享会"情境，引导幼儿自评、他评

提问：你们最喜欢哪一个作品？为什么？

引导幼儿用完整的语言大胆交流、表达。

教学活动五　我爱吃饭（音乐）

【活动目标】

1. 理解《我爱吃饭》歌曲的内容，学习附点音符的演唱方法。

2. 能用自然好听的声音演唱歌曲，唱准附点音符。

3. 体会自己吃饭的欢快心情。

【活动准备】

课件、《我爱吃饭》歌曲及歌曲图谱、幼儿光盘的图片。

【活动建议】

一、图片导入，激发幼儿兴趣

出示幼儿光盘的图片，引导幼儿观察。

提问：这个小朋友怎么了？

小结：小朋友自己吃饭，而且把午餐都吃光了。让我们来听一听他是怎么吃的吧！

二、演唱歌曲《我爱吃饭》，通过歌曲图谱引导幼儿理解歌曲内容，学习附点音符的唱法

1. 清唱第一段歌曲，引导幼儿说一说听到了什么。

提问：你们听到这段歌曲里唱了什么？（幼儿回答，教师把相应的歌曲图谱遮挡住。）

小结：我爱吃饭，自己吃饭。啊呜啊呜啊呜啊呜啊呜，细细嚼呀，慢慢咽，一口一口吃到肚子里。

2. 清唱第二段歌曲，引导幼儿说一说听到了什么。

提问：你们听到这段歌曲里唱了什么？

小结：我爱吃饭，自己吃饭。啊呜啊呜啊呜啊呜啊呜，蔬菜水果蹦蹦跳，一口一口吃到肚子里。

3. 清唱第三段歌曲，引导幼儿说一说听到了什么。

提问：你们听到这段歌曲里唱了什么？

小结：肚子肚子它在叫，咕噜噜呀咕噜噜，好饿好饿好饿呀；快点快点快点快点开饭啦！

4. 完整演唱歌曲，引导幼儿学习附点音符的演唱方法。

提问：你们刚才跟着音乐拍手，发现了什么不一样的地方？我们一起来唱一唱吧！

小结：唱歌的时候，有些地方唱的时间有点儿长，又突然很快地唱，这样的地方就存在附点音符。

三、播放歌曲《我爱吃饭》，引导幼儿用自然好听的声音演唱，体会自己吃饭的欢快心情

1. 领唱，引导幼儿跟唱，指导幼儿唱准附点音符。

引导语：我们把拍手换成用嘴巴唱的方式来表现一下附点音符吧！

2. 播放歌曲，引导幼儿用自然好听的声音演唱歌曲。

引导语：小朋友们，你们唱完这首歌后心情怎么样呀？歌曲中的小朋友对于能自己吃饭也感到非常开心。让我们一起用好听的声音演唱这首歌吧！

3. 播放歌曲，引导幼儿加上动作演唱歌曲。

引导语：我们边用好听的声音唱歌，边加上好看的动作，来表现自己大口吃饭的神气样子吧！

第三周 农庄品尝会

主题活动内容安排表

区域或活动	活动材料及关键活动
信息交流区	进餐礼仪： 活动材料：正确拿餐具、文明饮食的图片。 关键活动：引导幼儿用连贯的语言交流文明进餐的方法
图书阅读区	大公鸡和漏嘴巴： 活动材料：绘本《大公鸡和漏嘴巴》。 关键活动：指导幼儿一页一页地翻看绘本，了解绘本的主要内容并进行童书小剧场表演

区域或活动	活动材料及关键活动
角色 扮演区	1. 美食餐吧。 活动材料：细小的生活材料与半成品材料。 关键活动：引导幼儿扮演美食餐吧中的工作人员，了解美食制作流程与上菜流程。 2. 大公鸡和漏嘴巴。 活动材料：绘本《大公鸡和漏嘴巴》中的图片。 关键活动：引导幼儿与同伴自由分配角色，进行角色扮演
拼插 建构区	文明餐厅： 活动材料：各种形状的木质积木、奶粉桶、纸、自然辅助装饰材料（如花草树木等）。 关键活动：指导幼儿用围拢、垒高、连接的方法搭建文明餐厅建筑
益智 游戏区	美食链接： 活动材料：各种美食的图片、九宫格、记录单等。 关键活动：引导幼儿进行美食○×棋、美食连连看游戏，体验合作和动脑的魅力
科学 发现区	小花开了： 活动材料：水、折纸、剪刀、水盆。 关键活动：引导幼儿与同伴合作实验，体验科学的奥秘
美工 制作区	1. 我是小吃货。 活动材料：彩笔、各色颜料、豆子、牛皮纸、太空泥、描线笔等。 关键活动：引导幼儿先表征按时吃饭的小朋友，再表征小朋友吃完饭后的表情。 2. 光盘小朋友。 活动材料：布、彩纸、描线笔、剪刀等。 关键活动：引导幼儿用多种材料表征光盘情境，并用剪粘、线描等方式装饰
音乐 表演区	弟弟不听话： 活动材料：《弟弟不听话》歌曲及歌曲图谱、小音箱等。 关键活动：引导幼儿用优美舒缓的声音演唱歌曲，并创编出好看的动作
教学活动	1. 用餐礼仪我知道（综合）。 2. 弟弟不听话（音乐）。 3. 我会这样吃饭（综合）。 4. 我设计的青花瓷餐盘（美术）。 5. 认识梯形（数学）

续表

区域或活动	活动材料及关键活动
户外 体育活动	集体游戏：小青蛙捉害虫。 分散活动：好玩的轮胎、运动去
生活活动	1. 引导幼儿交流用筷子的方法，讨论怎样使用筷子才安全。 2. 引导幼儿借助垃圾分类教具，学习给不同的垃圾分类
环境创设	1. 布置"农庄品尝会"主题墙。 2. 与幼儿、家长共同收集与进餐礼仪、健康饮食相关的绘本、图片等物品，并将其投放到活动区；引导幼儿了解进餐前、进餐中和进餐后的礼仪
家园社区	1. 请家长在家中为幼儿示范进餐礼仪，并在日常进餐中实践所学礼仪。 2. 请家长利用周末时间与幼儿共同完成调查问卷。 3. 请家长在家中与幼儿共同讨论进餐礼仪，营造文明有礼的家庭进餐氛围

教学活动一　用餐礼仪我知道（综合）

【活动目标】

1. 知道在幼儿园进餐的礼仪和餐后自我整理的内容，了解家庭进餐的礼仪。

2. 能用较完整、连贯的语言与同伴分享、交流自己餐前和餐后的文明做法。

3. 体验餐前准备和餐后整理的成就感。

【活动准备】

课件（包括儿歌《小手绢》、幼儿餐后流程图、餐后礼仪图片）、视频等。

【活动过程】

一、图片导入，激发幼儿兴趣

提问：这是谁？他发生了什么事情？（教师引导幼儿大胆猜想。）

二、用课件出示图片，引导幼儿讨论、了解在幼儿园进餐前礼仪和进餐后整理的内容

1. 组织幼儿讨论，引导幼儿了解在幼儿园进餐前的礼仪。

提问：吃饭前，我们要做哪些事？

小结：吃饭前，我们要做好礼仪和卫生两方面的准备。礼仪方面，要排队取餐，不能用取餐的勺子在食物里乱翻，值日生需要分发纸巾盒、垃圾盘和抹布。卫生方面，要认真洗手，洗完手后还要把手上的水甩干，在取餐的时候注意不要把菜弄到桌子上。

2.用课件出示餐后礼仪图片，引导幼儿思考餐后的礼仪。

提问：图片中的小朋友在干什么？除了要安静看书外，还有什么是有礼貌的事情？

边出示幼儿餐后整理的图片，边小结：我们要把嘴巴里的食物全部咽下去之后再离开座位，不然容易噎到。用餐后，还要擦嘴巴、整理桌面和地面、把餐具分类放好、洗干净手，然后搬小椅子看书。看书的时候，要坐在位置上小声看，不要打扰吃饭的小朋友。这些都是文明的做法。

三、用课件出示餐后流程图、播放儿歌，引导幼儿了解餐前、餐后整理的顺序

组织幼儿分组给图片排序，引导幼儿了解餐前、餐后整理的顺序。

引导语：刚刚我们说了这么多餐前、餐后的活动，那么应该先干什么后干什么呢？请你们回到座位上给图片排排队吧！

小结：用餐前需要先用七步洗手法洗手，然后擦桌子、分碗、分纸巾盒、安安静静地排队等待；餐后要先擦嘴巴、整理桌面和地面、把餐具分类放好，再漱口、洗干净手，最后搬小椅子安静地看书。

四、播放视频，引导幼儿了解家庭中进餐前和进餐后的礼仪

引导语：除了在幼儿园的餐前、餐后要做好准备工作之外，在家里进餐前和进餐后也要做好准备工作。

提问：在家里进餐前和进餐后需要做什么准备工作呢？

小结：除了在幼儿园要准备的这些事情外，在家里还要帮忙分发餐具，等长辈坐下后才能坐下。我们不仅在幼儿园要做文明的小食客，在家里也要做文明的小食客。

附：儿歌

用餐礼仪我知道

小朋友，讲礼貌，就餐礼仪不能少；

用餐前，要洗手，细菌才能都赶走；

取餐时，不能乱，餐勺拿好不乱翻；

顺序要，安排好，排队取餐才干净；

既卫生，又文明，我们大家礼仪行。

餐后整理要牢记，饭菜要先咽下去；

嘴巴饭粒擦干净，桌面地面捡一捡；

分类摆放碗和盘，餐具宝宝要回家；

咕嘟咕嘟刷刷牙，洗洗我的小小手；

我是文明小食客，安静看书不吵闹。

教学活动二　弟弟不听话（音乐）

【活动目标】

1. 初步感知歌曲，理解弟弟为什么不听话，了解游戏的规则和玩法。

2. 在合作传米罐过程中，能关注米罐传递到的位置，能较协调地接住和传递米罐。

3. 愿意和老师、同伴一起玩游戏，感受游戏带来的乐趣。

【活动准备】

1.《弟弟不听话》歌曲及歌曲图谱、米罐、标记（人手一个）。

2. 将椅子摆成一个圆形。

【活动建议】

一、情境导入，引起幼儿兴趣

提问：这是谁？他做了件什么事？（教师引导幼儿大胆猜想。）

二、出示歌曲图谱，引导幼儿初步熟悉歌曲旋律和歌曲内容

1. 范唱第一遍，引导幼儿初步理解歌曲内容。

提问：发生了什么？小鸡为什么啄他？他到底把米粒撒在哪里了？

小结：原来，弟弟把米饭粘在下巴上了，小鸡是去吃撒了的米粒。我们再听一遍吧！

2. 范唱第二遍，引导幼儿巩固理解歌曲内容。

提问：弟弟把饭粒弄到哪里了？歌曲里是怎么说的？什么叫"饭粒儿粘了一下巴"？

小结：弟弟把饭粒儿粘了一下巴。"饭粒儿粘了一下巴"就是一下巴都是饭粒儿。结果一群小鸡要啄他。是不是这样呢？我们再听一遍。

3. 范唱第三遍，引导幼儿初步理解音乐游戏的规则。

提问：我最后拍了谁？他是我哪边的小朋友？

小结：贴了标记的手是右手。一会儿我们跟着音乐来玩一下这个游戏。

4. 演唱歌曲，引导幼儿跟唱，理解和巩固游戏规则。

提问：我拍了自己几下？（教师再演示一遍。）

小结：我拍了自己三下，拍了右边的小朋友一下。

5. 和幼儿共同演唱歌曲。

引导语：刚才我们用右手告诉右边的小朋友，这次我们用好听的声音告诉右边的小朋友吧！

三、和幼儿共同玩传递米罐的游戏，引导幼儿关注米罐传递到的位置，能较协调地接住和传递米罐

1. 演示游戏玩法，引导幼儿关注米罐传递到的位置。

引导语：亲爱的小朋友们，你们知道吗？淘气的弟弟就在小朋友们中间。用什么方法可以找到他呢？用传米罐的方法可以找到他。最后拿到米罐的小朋友就是小弟弟。我们用这种方法把那个调皮的弟弟找出来吧！

提问：米罐怎么掉了？怎样才能让米罐不掉下来？

小结：米罐传来的时候，要先告诉右边的小朋友再回来拿米罐。这次，我们真的要来传米罐了。接到米罐，在腿上放稳后再传给下一个小朋友哟！

2. 引导小朋友思考接住米罐的方法。

提问：在传米罐的时候，你们发现了什么问题啊？有的小朋友能很好地接住米罐，有的小朋友总是接不住米罐。谁能帮帮他？怎么才能接住米罐呢？

小结：眼睛要看着米罐传来的方向，发现米罐快要传到自己的时候，要做好接的准备。

3. 扮演大公鸡在外圈做动作，引导幼儿传递米罐。

提问：大公鸡要啄弟弟了，弟弟该怎么办？往哪里跑？跑到哪里就安全了？

小结：弟弟拿到米罐后，要赶紧跑回自己原来的座位哟！

4. 让幼儿当大公鸡，引导幼儿感受游戏的乐趣。

教学活动三　我会这样吃饭（综合）

【活动目标】

1. 了解在幼儿园进餐过程中应遵循的文明礼仪和卫生习惯，知道文明进餐的要求。

2.尝试用标志记录的方法表征进餐过程中的文明礼仪，并用较完整、连贯的语言与同伴分享、交流自己在进餐过程中做文明小食客的好方法。

3.体验在进餐过程中做一个文明小食客的快乐。

【活动准备】

1.《大公鸡和漏嘴巴》课件。

2.纸、笔、餐具（勺子、筷子）、垃圾盘、纸巾。

【活动建议】

一、讲述故事《大公鸡和漏嘴巴》，引导幼儿了解在进餐过程中不能做漏嘴巴的小朋友

1.讲述故事，引导幼儿倾听。

提问：小弟弟为什么哭了？

2.结合故事图片，与幼儿共同讨论进餐时的规则。

提问：为什么我们不能做漏嘴巴的人？

小结：吃饭的时候，一定要专心，走神的话会浪费食物，吃饭的时间也会变长。千万不能做一个漏嘴巴的人。

二、和幼儿共同讨论在幼儿园进餐过程中应遵循的文明礼仪和卫生习惯，引导幼儿了解文明进餐的要求

1.用课件出示进餐时的图片，引导幼儿自由讨论。

提问：在吃午餐时，除了不漏嘴巴外，还应该做哪些事情呢？

2.巡回指导，引导幼儿讨论。

3.引导幼儿交流讨论结果，对幼儿的讨论结果进行梳理。

提问：在吃午餐时，还有哪些事情需要注意呢？请你们来说一说吧！

小结：在吃午餐时，保持良好的坐姿，腰背挺直，靠近桌子，正确使用勺子和筷子，不边吃边玩，不敲打餐盘；手上有脏东西的时候，不乱摸；用纸巾擦嘴巴和小手，不小心掉了的东西要捡起来放在垃圾盘中；咳嗽或者打喷嚏的时候，要用手捂住口鼻，不要对着别人。

三、引导幼儿用标志记录的方法表征进餐过程中应该遵循的文明礼仪，并用较完整、连贯的语言与同伴分享、交流自己在进餐过程中做文明小食客的好方法

1.引导幼儿自由分组，用标志记录的方法表征进餐过程中应该遵循的文

明礼仪，制成标志图放在就餐隔板上。

2.午餐后，请幼儿交流自己就餐过程中的文明行为，以及做文明小食客的好方法。

提问：你们今天成为文明小食客了吗？你们是怎么做的？和小伙伴们说一说吧！

四、引导幼儿了解更多的文明进餐礼仪，体验做文明小食客的快乐

播放课件，引导幼儿了解进餐过程中更多的文明礼仪，体验在进餐过程中做一名文明小食客的快乐。

附：故事

大公鸡和漏嘴巴

有一只大公鸡在院子里走来走去，这里啄啄，那里啄啄，找不到虫子吃，急得"咕咕咕咕"地叫。

小弟弟捧着饭碗，坐在院子里吃饭。他一边吃，一边瞧着花蝴蝶飞来飞去，饭粒撒了一身，撒了一地。

大公鸡看见了，可高兴啦！它连忙跑了过去，嘴里嚷着："好运气，好运气！今天碰到一个漏嘴巴的小弟弟。"大公鸡跑到小弟弟身边，啄起地上的饭粒来，"哆哆哆"，啄得可快呢！真好玩！小弟弟越看越高兴，连吃饭也忘了。

一会儿，大公鸡把撒在地上的饭粒吃光了，它还没吃饱呢！大公鸡抬起头来看了看，小弟弟的裤子上也有饭粒，就来啄小弟弟的裤子了。

小弟弟说："大公鸡，大公鸡，你怎么啄我呀！"大公鸡说："小弟弟，小弟弟，我不是啄你，我是啄饭粒呢！"

一会儿，大公鸡把撒在裤子上的饭粒吃光了，它还没吃饱呢！大公鸡抬起头来看了看，小弟弟的衣服上还有饭粒，就来啄小弟弟的衣服了。

小弟弟说："大公鸡，大公鸡，你怎么啄我呀！"大公鸡说："小弟弟，小弟弟，谁啄你了，我是在啄饭粒呢！"一会儿，大公鸡把撒在衣服上的饭粒吃光了，它还没吃饱呢！大公鸡抬起头来看了看，小弟弟嘴巴旁边有一粒饭，就来啄小弟弟的嘴巴。

小弟弟害怕了，端起饭碗就跑："大公鸡，大公鸡，别啄我，别啄我！"大公鸡说："小弟弟，小弟弟，别跑，别跑，我不啄你，我不啄你，你嘴巴旁边有粒饭，让我吃了它！"大公鸡张开翅膀，一下子跳到小弟弟的肩膀上，朝着他嘴巴上的饭粒，"哆"地啄了一下。

小弟弟哭了起来："奶奶来呀，奶奶来呀！"大公鸡可高兴呢，它说："小弟弟是个漏嘴巴，掉下饭来，让我吃得乐哈哈。"奶奶来了，小弟弟问奶奶："奶奶你说，我的嘴巴漏吗？"奶奶说："傻孩子，哪有漏嘴巴呀，是你吃饭的时候，东看看西瞧瞧，把饭撒了。"

奶奶又给小弟弟盛了半碗饭："快吃，快吃，可别再撒了。"小弟弟端着饭碗吃饭。大公鸡又来了，它说："我还没吃饱呢，漏嘴巴，漏嘴巴，撒点儿饭粒让我吃呀！"大公鸡等呀等，一粒饭也没吃到。哦，小弟弟这回吃饭，可不东看看西瞧瞧了！小弟弟把饭吃得干干净净，拿着空碗让大公鸡瞧了瞧，对它说："我是好弟弟，不是漏嘴巴。"

大公鸡没办法，耷拉着脑袋，只好去找虫子吃了。

教学活动四　我设计的青花瓷餐盘（美术）

【活动目标】

1. 欣赏不同造型的青花瓷餐盘，了解其装饰纹样的特点，感受瓷盘的色彩美和纹样美。

2. 理解中心对称这一构图方法。

3. 学习用不同的线条或图案来设计和装饰青花瓷餐盘。

【活动准备】

青花瓷餐盘实物及图片、纸盘、蓝色记号笔、音乐。

【活动建议】

一、设置情境，导入活动

1. 带领幼儿进入事先布置好的"青花瓷商店"。

2. 引导幼儿仔细观察，初步感知青花瓷餐盘的特征。

提问：这是一家卖什么的商店？商店里的物品在颜色上有什么特点？（教师引导幼儿说出瓷盘的花纹都是蓝色的，盘底都是白色的这一特征。）

小结：很久以前人们把蓝色叫作青色，因此像这种白色底蓝色花纹的瓷盘，我们叫它青花瓷餐盘。

二、出示青花瓷餐盘的图片，引导幼儿继续认识青花瓷餐盘

1. 出示青花瓷餐盘的图片，引导幼儿初步感受青花瓷餐盘装饰纹样的特点。

提问：这些美丽的花纹都在餐盘的什么部位呢？

小结：这些美丽的花纹都在餐盘的中间和周围。

2. 提问：小朋友们，你们看这几个餐盘的图案有什么规律吗？

小结：我们把这种围绕中间来绘画的构图方法叫作中心对称法。

三、边讲解绘制青花瓷餐盘的要领，边示范，引导幼儿自由创作

1. 讲解和示范青花瓷餐盘的画法。

（1）装饰青花瓷餐盘的盘心：盘心可以画任何喜欢的图案。

（2）画盘边的花纹：盘边的花纹可以是各种各样的线条，如波浪线、折线、弹簧线、螺旋线等，也可以是各种小图案，如三角形、心形等。

（3）在绘画时，盘边的花纹和图案一定要有规律，确保围绕盘心图案进行中心对称构图。

2. 播放音乐，引导幼儿设计青花瓷餐盘。

四、展示幼儿设计的青花瓷餐盘，引导幼儿相互欣赏、评价、交流

1. 引导幼儿欣赏同伴的作品。

2. 请个别幼儿说一说自己喜欢哪个作品，以及喜欢这个作品的原因。（教师要引导幼儿大胆交流。）

教学活动五　认识梯形（数学）

【活动目标】

1. 了解梯形的基本特征，认识直角梯形、等腰梯形等不同的梯形。

2. 能不受大小、摆放位置、周围环境的干扰，正确辨认出梯形，探索用各种图形折、剪、拼出梯形。

3. 体验玩图形游戏的乐趣。

【活动准备】

1. 课件、音乐。

2. 三角形、正方形、长方形的彩色手工纸若干。

【活动建议】

一、引导幼儿玩图形宝宝找朋友的游戏，引导幼儿复习和巩固对三角形、正方形、长方形的认识

请每个幼儿取一个图形，扮演图形宝宝。

播放音乐，提醒幼儿：音乐结束时，相同的图形宝宝要抱在一起，说出自己扮演的图形的名称和主要特征。

二、播放课件，分段讲述《图形王国的故事》，引导幼儿感知梯形的特征

1.讲述故事第 1 段和第 2 段，引导幼儿观察、感知梯形的主要特征，请幼儿在众多的三角形中指认梯形。

提问：梯形和三角形有什么不一样？

小结：三角形有 3 条边，3 个角；梯形有 4 条边，4 个角。

2.讲述故事第 3 段，引导幼儿观察和比较梯形和长方形有什么不同，请幼儿指认梯形。

提问：梯形和长方形有什么不一样？（教师鼓励幼儿尝试描述梯形和长方形的区别。）

小结：长方形的 4 条边中，相对的 2 条边是平行的，相对的 2 条边一样长；梯形只有 2 条边是平行的，而且 2 条边不一样长。

3.讲述故事第 4 段和第 5 段，引导幼儿观察、比较、认识不同的梯形，请幼儿指认梯形。

提问：这些梯形长得一样吗？哪里不一样？鼓励幼儿尝试描述不同梯形的特征。

播放课件，引导幼儿观察、指认变换方向的梯形。

4.引导幼儿结合生活经验展开想象，说一说生活中哪些物品呈梯形。

小结：梯形在生活中的应用广泛，如汽车的挡风玻璃、桥墩、板凳、梯子等都是梯形的。

三、组织幼儿玩变出梯形的游戏，引导幼儿体验图形游戏的乐趣

1.出示三角形、正方形、长方形的彩色手工纸。

提问：梯形弟弟躲到哪里了？用什么方法可以找到它？（教师引导幼儿自由探索。）

2.鼓励幼儿结合已有经验，尝试用折、剪、拼的方法制作梯形。

3.启发幼儿根据梯形的主要特征进行验证。

附：故事

图形王国的故事

在很远很远的星球上，有一个图形王国，那里住着许许多多的图形。长方形爸爸、圆形妈妈、正方形哥哥、三角形妹妹和梯形弟弟，他们是快乐的一家人。调皮的梯形弟弟最喜欢玩躲猫猫的游戏，总是一溜烟儿就不见了。他会躲到哪儿去呢？

三角形妹妹眨眨眼，说："我知道，我知道，看我把他找出来！"于是，在一堆三角形中，三角形妹妹一下子就找到了梯形弟弟。顽皮的梯形弟弟不服气："不行！不行！我还没准备好，再来一次！""嗖"的一声，梯形弟弟又不见了。只听见圆形妈妈乐呵呵地说："小梯小梯，你真顽皮，虽然你长得很像你的爸爸和哥哥，可是妈妈还是一眼就看到你了。"原来，梯形弟弟躲在了长方形爸爸和正方形哥哥中间。"不算！不算！妈妈找到的不算。"梯形弟弟急得直跺脚，"这次我可要出绝招了！"

不一会儿，只听见正方形哥哥和三角形妹妹同时喊道："找到了！"可是，他们你看看我，我看看你，都愣住了，"怎么我们找到的梯形弟弟长得不一样呢？"

"哈哈哈！"只听见背后传来梯形弟弟得意的笑声，"这就是我的绝招。我可是会变身的梯形弟弟哟！"

图形王国里的图形可真奇妙！小朋友们，你们能找到梯形弟弟吗？

主题二　种子奇遇记

▋ 主题价值

正所谓"一年之计在于春"，春天是万物复苏的季节，幼儿对自然生长发育的事物都有很大的兴趣。在幼儿园中，美丽的种植园始终都是幼儿环境教育中的重要组成部分。因为它不仅具有绿化园区、美化环境的作用，还蕴含着很大的教育价值。《幼儿园教育指导纲要（试行）》指出，农村幼儿园要开发和综合利用农村的多种教育资源，为农村幼儿教育的发展提供有利条件。城乡幼儿园应从实际出发，因地制宜地实施素质教育，为幼儿一生的成长打好基础。本主题由《奇妙的种子》《一起来播种》《花花和芽芽》三个次主题组成，让幼儿在种植过程中提高观察、探索、表达的能力，获取相关的知识和经验，激发对周围世界的好奇心和探究欲望，培养爱心、耐心、责任心等品质，体验劳动的快乐。

　　种植活动是幼儿园环境创设过程的一部分，是幼儿了解自然的窗口，要根据幼儿身心发展规律、需要，充分挖掘和利用生活中的教育因素，创设幼儿和环境积极作用的活动场景，激发幼儿自主探索的欲望，促进幼儿综合能力的发展。在种植活动中，挖掘贴近幼儿生活的课程资源，让幼儿体验劳动，观察植物的生长过程、生长规律，从而使幼儿通过种植行为获得有关周围物质世界及其关系的科学经验。根据幼儿的年龄特点和已有经验，我们综合了家庭、社区资源，通过一系列的观察、探究、表征活动，引导幼儿在探索中发现问题，在发现中获取信息，在获取中分享快乐。

▋主题目标

　　1.知道营养均衡对家人身体的重要性，能积极参加体育锻炼，提高钻、爬、跑、跳的灵敏度。

　　2.能大胆地提出与种植活动相关的问题，发表不同的意见。能通过多种方式表达、交流、分享种植活动中的乐趣。

　　3.有一定的责任感，能主动关心、保护植物，懂得农民伯伯的辛苦，学会珍惜粮食和蔬菜。

　　4.能运用手工制作、绘画、唱歌、表演等方式，表达对植物的感受以及对辛勤的劳动者的热爱之情。

　　5.能与同伴合作进行探究、实验，敏锐地察觉植物的生长变化。积极尝试运用多种方法发现问题，解决问题。

第一周　奇妙的种子

主题活动内容安排表

区域或活动	活动材料及关键活动
信息交流区	奇妙的种子： 活动材料：不同的种子。 关键活动：引导幼儿交流给种子分类的方法，如根据食用性、颜色、外形、传播途径等给种子进行分类

区域或活动	活动材料及关键活动
图书 阅读区	遇见春天： 活动材料：《遇见春天》《蚯蚓的日记》《小种子》等绘本。 关键活动：①引导幼儿学习正确翻看图书的方法，理解图画内容，用自己的语言大胆讲述绘本故事，感受故事情节的趣味性；②引导幼儿与同伴分享自己发现的种子的小秘密
角色 扮演区	豆类展览会： 活动材料：美食城所需的豆类特色食物的图片，如五谷豆浆、凉拌豆皮、小葱拌豆腐、味噌豆腐汤等。 关键活动：引导幼儿扮演豆类展览会的介绍员，学习向不同的顾客介绍豆类的营养
拼插 建构区	1. 小小种植园。 活动材料：小小种植园的美丽景色的图片、积木。 关键活动：引导幼儿通过观察春天种植园里的变化，运用垒高、堆叠、围拢等多种方式搭建美丽的种植园。 2. 恒温大棚。 活动材料：与种植相关的绘本、雪花片。 关键活动：引导幼儿运用多种拼插方式，如十字插、斜面插等，用雪花片为植物制作恒温大棚，保护幼苗不受冷风的侵袭
益智 游戏区	1. 神奇的种子。 活动材料：各种各样的种子。 关键活动：引导幼儿从外形、颜色等方面探索种子的不同特征，并能用不同的方法给种子进行分类。 2. 冬天里的小种子。 活动材料：冬天里的小种子的图片、各种种子、松球、树枝、树叶、福禄贝尔玩具等。 关键活动：引导幼儿观察冬天里的小种子的图片，运用多种材料大胆拼摆，感受拼摆游戏带来的乐趣
科学 发现区	七彩魔法糖： 活动材料：彩虹糖、盘子、水杯等。 关键活动：引导幼儿发挥想象力，将彩虹糖摆放成不同的形状，在操作过程中了解彩虹糖扩散的现象

续表

区域或活动	活动材料及关键活动
美工 制作区	1. 种子发芽啦。 活动材料：各色太空泥、泥工板、塑料工具、各种豆子、毛根、底板、种子发芽的图片。 关键活动：引导幼儿观察图片，自主选择材料，运用捏、揉、团、粘的方式制作各种各样的种子发芽的场景。 2. 小扁豆。 活动材料：毛笔、宣纸、墨水、调色盘、报纸、毛毡、中锋和侧锋笔法范例。 关键活动：引导幼儿仔细蘸墨、大胆运笔，画出扁豆的形态
音乐 表演区	种子之舞： 活动材料：《种子之舞》歌曲及歌曲图谱，亮片马甲、裤子、帽子等服饰，头饰。 关键活动：引导幼儿扮演喜悦的种子，根据音乐节奏，欢快地表演种子发芽长大的舞蹈
教学活动	1. 遇见春天（语言）。 2. 种子粘贴画（美术）。 3. 五彩豆乐园（科学）。 4. 排豆豆（数学）。 5. 种子之舞（音乐）
户外 体育活动	集体游戏：好玩的轮胎。 分散活动：摘果子、小兔拔萝卜
生活活动	1. 引导幼儿多吃蔬菜、水果和豆类食品，多喝水。 2. 引导幼儿保护种子，为种子浇水。 3. 在进餐、盥洗等生活活动中和过渡环节播放歌曲《种子之舞》，让幼儿欣赏、感受歌曲优美的旋律、活泼的情绪
环境创设	1. 布置"奇妙的种子"主题墙，投放幼儿创作的有关种子的形状、种子的生长过程、种子长大后的样子的作品，引导幼儿交流。 2. 投放幼儿的种子调查表、照片。 3. 投放幼儿制作的种子粘贴画等美工作品

续表

区域或活动	活动材料及关键活动
家园社区	1. 请家长多与幼儿交流有关种子的知识。 2. 请家长利用周末时间和幼儿一起寻找植物的种子，让幼儿带到幼儿园进行种植和观察。 3. 请家长和幼儿一起在家种植一些种子，引导幼儿自己管理，鼓励幼儿观察并记录种子的生长变化，激发幼儿对各种种子的喜爱之情。 4. 请家长带领幼儿寻找适合的种植工具

教学活动一 遇见春天（语言）

【活动目标】

1. 理解绘本中小熊寻找春天的经历，了解春天景物的变化。

2. 能仔细观察绘本图画，并用自己的语言大胆描述图画内容，感受故事情节的趣味性。

3. 感受春天万物复苏的美好，体验阅读的乐趣。

【活动准备】

1.《遇见春天》绘本、课件、书签、音乐《春之声》。

2. 画纸、画笔。

【活动过程】

一、出示绘本《遇见春天》的封面（遮挡住文字），引导幼儿理解故事主题

1. 提问：画面上有谁？它们在做什么？

小结：画面上有小熊。它们在寻找春天。

2. 不再遮挡文字，提问：故事的名字是什么？它们会到哪里寻找春天？

小结：绘本的名字是《遇见春天》。绘本讲述的是两只小熊寻找春天的故事。

二、引导幼儿在阅读、讨论过程中理解故事内容，感受春天到来的美好

1. 引导幼儿自由阅读，并在寻找到春天的地方放上书签。

2. 根据绘本内容提问：

（1）小朋友们，小熊都到哪些地方寻找春天了？它们找到了吗？

（2）它们为什么会爬上大树呢？大树上有绿叶子吗？它们找到小睡鼠，把小睡鼠吵醒了，小睡鼠是怎么说的？（幼儿回答：春天还没有来呢！）

（3）它们拨开石头，找到小青蛙，小青蛙醒了吗？

三、引导幼儿观看课件，鼓励幼儿用自己的语言讲述接下来的故事

1. 提问：小熊找到春天了吗？它们找到的春天是什么？

小结：是的，其实小熊已经走进了真正的春天，山上的雪融化了，春天已经慢慢来临了！小熊自己还没有发现呢！

2. 提问：这个小女孩是春天吗？为什么？

小结：小熊认为小女孩就是春天！老师觉得小熊找得也没错，虽然小女孩不是春天，但是她却有一颗和春天一样美的心灵。你们同意老师的说法吗？

3. 提问：你们认为春天到底美在哪里呢？

小结：是的，美好的春天就在这个小女孩香香的蛋挞里！其实，在我们的生活中，也有很多人像小女孩一样，他们的心灵和春天一样美好。春天到来，万物复苏，我们的小种子也会在春天发芽、长大。

四、活动延伸

提问：春天这么美，你们想不想把它画到纸上？请你们尽情地进行创作，将你们眼中的春天画到纸上吧！

附：故事

遇见春天

双胞胎小熊玛库和玛塔从第一次冬眠中醒来，对外面的世界充满了好奇。熊爸爸说："用不了多久，春天就要来到这片森林了。""春天？"玛库和玛塔从没见过春天。熊爸爸说："春天一来，就不刮冷风了，天气会变暖。小草的嫩芽会从地面钻出来，光秃秃的树上也会长出绿叶子，还有红色的、黄色的……五颜六色的花。花朵很香，所以春天的味道也是香香的。"熊爸爸还给它们画了一张画。熊妈妈说："蝴蝶会围着花朵翩翩起舞。还有，春天一来，森林里冬眠的伙伴都会出来。玛库和玛塔也一定会交到朋友的！"

第二天，冷风停了。小熊玛库和玛塔就迫不及待地出去寻找春天了。它们努力地四处寻找，"摸"了积雪，"碰"了河水，都是凉的；"扒"开落叶，"掀"起石头，寻找小草的绿芽；它们大声地呼喊春天，吵醒了其他还在冬眠的小动物，还以为见到了春天。当它们得知小动物并不是春天后，有点儿失望。"春天，到底在哪儿呢？"就在这时，它们遇见了一个穿着绿外套、扎着黄色蝴蝶结、戴着红围巾的小女孩。绿的、红的、黄的……这就是春天

吧！小女孩送给玛库和玛塔香喷喷、热乎乎的蛋挞，它们找到了"春天"，高高兴兴地回家了。在它们身后，树叶和小草绿了，五颜六色的花开了。那这个小女孩到底是不是春天呢？

教学活动二　种子粘贴画（美术）

【活动目标】

1. 学习制作种子粘贴画的顺序，即先画出图案轮廓再粘贴。

2. 能利用种子制作种子粘贴画，根据种子不同的外形特点表征一定的物体形象。

3. 发现自然材料的美，体验制作种子粘贴画的乐趣。

【活动准备】

1. 课件。

2. 画有各种图案的彩色卡纸、胶水、棉签、湿毛巾。

3. 收集不同种类的种子，如葵花籽、白芝麻、绿豆、黑米、红豆等，装在瓶子里。

【活动过程】

一、出示种子瓶，引导幼儿玩听音辨物的游戏，激发幼儿参与活动的兴趣

1. 摇动装有种子的瓶子，让幼儿根据声音猜测瓶子里装的是什么。待幼儿猜完后，将瓶子里的种子倒入透明盒子里，请幼儿看一看是什么种子。

2. 讨论：种子可以用来做什么？

幼儿自由回答。

小结：小朋友们刚才说了种子的很多用途，老师也用种子做了许多好看的东西。你们想知道吗？我们一起来看看吧！

二、播放课件，引导幼儿观察、学习制作种子粘贴画的方法

1. 播放课件，引导幼儿观察种子粘贴画。

提问：刚刚你们看到了哪些漂亮的图片？能告诉大家这些漂亮的图片都是用什么东西做成的吗？

小结：小朋友们，种子宝宝们可真厉害啊，变出了这么多漂亮的图片，我们把这些漂亮的图片叫作种子粘贴画。

2. 边讲解边示范，引导幼儿学习制作种子粘贴画的方法。

引导语：刚才看了这么多好看的种子粘贴画，你们想不想用种子来制作一幅漂亮的图画呢？现在，我们就一起来看一看种子粘贴画是怎么完成的。首先，取出一张画有图案的纸，根据图案想一想应该选择哪些种子来粘贴。然后，用棉签沾上胶水涂在图画里，注意不能涂得太多。最后，将选择的种子粘在胶水上面，并轻轻地按一按，将图案里都粘贴上种子，这样种子粘贴画就完成了。图案不同的地方可以选择不一样的种子，拿种子的时候要小心，不要将种子弄撒了。

三、引导幼儿动手制作种子粘贴画

巡回观察，引导幼儿制作种子粘贴画，并提醒幼儿：胶水不能太多，拿种子时要小心，注意谦让，等等。

四、引导幼儿展示作品，并对幼儿的作品进行简单的点评

给幼儿制作的种子粘贴画开辟一个作品展示栏，让幼儿进一步感受自然材料的美，体验完成种子粘贴画的快乐。

教学活动三　五彩豆乐园（科学）

【活动目标】

1. 了解、认识各种豆类食物，知道豆类食物有丰富的营养。

2. 能大胆表述各种豆子的特征及主要用途，与同伴合作制作豆浆。

3. 喜欢吃各种各样的豆类食品。

【活动准备】

1. 各种豆子（如黄豆、红豆、绿豆、黑豆等）、豆浆机、纸杯、叉子、勺子、豆浆。

2. 将豆沙馅、豆腐、豆腐乳、绿豆糕等豆类食物装盘，布置"豆类食物自助餐厅"；浸泡准备好的豆子。

【活动过程】

一、创设"五彩豆乐园"情境，带领幼儿进入"五彩豆乐园"，引导幼儿了解几种豆子的名称与特征

请幼儿找一找自己认识的豆子，相互学习，认识不同的豆子。

提问：你们认识哪种豆子？你们想认识哪种豆子？谁来当小老师？

交流过程中，引导幼儿围绕豆子的名称、颜色、形状、食用方法、营养价值等进行交流。

小结：豆子的种类很多，有黄豆、红豆、绿豆、黑豆等，虽然它们大小、颜色、形状不同，但是都是我们的好朋友，多吃豆类食品有助于我们健康成长。

二、引导幼儿到"豆类食物自助餐厅"中品尝各种豆类食物，了解豆子与豆类食物之间的关系

1. 请幼儿品尝豆类食物，说说豆类食物的味道，讨论其制作原料。

提问：你们知道这些食物的名字吗？它们是用什么豆子做出来的？

小结：豆沙馅是用红豆做成的，豆腐、豆腐乳是用黄豆做成的，绿豆糕是用绿豆做成的。这些食物有个共同的名字，叫豆制品。

2. 引导幼儿结合已有经验说说还吃过哪些豆制品、这些豆制品是用什么豆子做成的以及它们对身体有哪些好处。

三、引导幼儿制作、品尝豆浆，激发幼儿对豆类食物的兴趣

1. 出示豆浆，请幼儿猜一猜制作原料并说一说制作方法。

2. 引导幼儿分工合作制作豆浆。

四、活动延伸

引导幼儿和同伴共同分享自制的豆浆。

教学活动四　排豆豆（数学）

【活动目标】

1. 观察并发现物品排列的规律，初步学习按规律摆放物品的方法。

2. 通过活动培养观察、比较、判断、推理等能力。

3. 感知数学的规律美，体验数学活动的乐趣。

【活动准备】

1. 课件。

2. 各种各样的豆子。

【活动过程】

一、创设情境，导入课题，激发幼儿学习兴趣

提问：小朋友们，蚂蚁准备开联欢会了，它们用各种豆子把城堡装饰得可漂亮了，我们一起去看看吧！

二、按照从易到难的顺序排列物品，引导幼儿观察并发现物品的排列规律

1. 引导幼儿发现 ABAB 的排列规律。

提问：小朋友们，看呀，这些豆子是按什么规律排列的？

小结：这些豆子是按照红豆、黄豆、红豆、黄豆的规律排列的。

提问：谁能上来试着排列一下？

2. 引导幼儿发现 ABCABC 的排列规律。

引导语：城堡的大门上有好看的装饰，我们来看看这些装饰是按什么规律排列的。（教师引导幼儿说出装饰是按照 ABCABC 的规律排列的。）

3. 引导幼儿继续观察图片，发现 ABBABB 的排列规律。

三、引导幼儿学习按规律摆放物品

1. 分发材料（豆子），提出操作要求。

引导语：刚才你们欣赏了蚂蚁的城堡，城堡很漂亮。我们用豆子制作花环送给蚂蚁吧！

2. 巡回指导，引导幼儿制作花环。

3. 引导幼儿表达、交流制作成果。

四、引导幼儿欣赏图片，感知规则序列在生活中的应用

用课件出示斑马线、红绿灯、衣服花纹和图案等，引导幼儿观察，让幼儿发现规则序列在生活中的应用。

五、活动延伸

让幼儿在父母的协助下，在生活中观察有规律排列的花纹和图案的物品，并把这些物品的图片带到幼儿园的数学角中。

教学活动五　种子之舞（音乐）

【活动目标】

1. 学习乐曲的三段体结构，了解音乐欢快的节奏特点。

2. 能跟随乐曲的旋律和节奏，自由模仿并合拍表现努力生长的小种子。

3. 体验和同伴共同表演小种子的乐趣。

【活动准备】

1. 歌曲《种子之歌》。

2. 让幼儿提前了解常见小种子的发芽和生长过程，阅读绘本故事《努力生长的小种子》。

【活动过程】

一、引导幼儿回忆经验，讨论交流小种子的生长过程

提问：绘本故事《努力生长的小种子》中的小种子是怎样努力生长的？

小结：原来，一颗小种子需要经过努力生长、传播花粉、彰显美丽这三个过程，才能发育成熟。

二、引导幼儿感知音乐，探索、表征小种子的生长过程

1.引导幼儿完整地欣赏一遍歌曲，初步感知歌曲的音乐旋律和音乐结构。

引导语：让我们听一听歌曲，看看小种子在干什么。

小结：这首歌曲可以分成三段。第一段音乐的节奏稍微快一点儿，好像是小种子在努力生长；第二段音乐的节奏稍微慢一点儿，好像是小种子在耐心地等待，因为风娃娃和蝴蝶在帮小种子传播花粉呢！第三段音乐的节奏也很快，好像是花朵努力绽放，向大自然彰显它的美丽，它还会跟着音乐摇摆、跳舞呢！

2.引导幼儿熟悉第一段歌曲，自由想象小种子努力生长的过程。

提问：小种子是怎样努力生长的呢？请你们跟着歌曲学一学小种子努力生长的动作。（教师引导幼儿大胆地展示自己。）

3.引导幼儿熟悉第二段歌曲，并合拍表现风娃娃、蝴蝶传播花粉的过程。

提问：我们还可以用什么样的身体动作来表现风娃娃呢？蝴蝶飞舞的时候，我们可以做一些什么样的身体动作呢？

小结：刚才你们表演的风娃娃、蝴蝶传播花粉的动作很合拍，很有创意，也很优美，只是速度稍微有点儿慢。

4.引导幼儿欣赏第三段歌曲，创意表现花朵彰显美丽、摇摆和跳舞的过程。

引导语：音乐结束后，请你们做一个小种子长大以后彰显美丽的身体动作，然后保持身体姿势不变。

小结：这是一片多么美丽的花丛啊，每一棵花都开出了又大又漂亮的花朵！

三、借助游戏体验，引导幼儿创编音乐故事

1.扮演风娃娃和蝴蝶，引导幼儿分角色表演努力生长的小种子。

2.引导幼儿自由选择角色，创编音乐故事。

引导语：哪一组愿意上来表演一下努力生长的小种子？哪一组愿意表演风娃娃和蝴蝶？（教师引导幼儿继续探索、创编音乐故事。）

第二周 一起来播种

主题活动内容安排表

区域或活动	活动材料及关键活动
信息交流区	种植计划： 活动材料：种植步骤图。 关键活动：引导幼儿交流和表达种植和照料植物的过程
图书阅读区	小老鼠种向日葵： 活动材料：绘本《小老鼠种向日葵》中的图片。 关键活动：引导幼儿根据绘本中的图片讲述小老鼠种植向日葵的过程，体会种植的乐趣
角色扮演区	种植欢乐多： 活动材料：菜篮、草帽、多种种植工具。 关键活动：引导幼儿扮演农民伯伯，照顾班级内和幼儿园中的植物，掌握种植的步骤
拼插建构区	1. 开心农场。 活动材料：《开心农场》绘本、积木。 关键活动：引导幼儿通过观察绘本中农场的构造，运用垒高、堆叠、围拢等多种方式搭建开心农场的种植区、恒温育种区、收获区、农场建筑。 2. 农具制作。 活动材料：大型农具的图片、雪花片。 关键活动：引导幼儿运用多种拼插方式，如十字插、斜面插等，制作翻土机和播种机
益智游戏区	1. 我的菜园。 活动材料：菜园的图片。 关键活动：引导幼儿通过观察菜园的图片，分辨出菜园里种了哪些蔬菜，锻炼幼儿的观察能力和逻辑思维能力。 2. 健康食品棋。 活动材料：健康食品棋玩具。 关键活动：引导幼儿两人对战，在投骰子和计算健康食品、垃圾食品的相关步数的过程中，增强对数字的感知能力和计算能力

区域或活动	活动材料及关键活动
科学 发现区	胡椒粉逃跑： 活动材料：胡椒粉、洗洁精、水等。 关键活动：引导幼儿了解胡椒粉逃跑的原理，并做好记录
美工 制作区	1. 向日葵的一生。 活动材料：各色太空泥、泥工板、绘本《小老鼠种向日葵》等。 关键活动：自主选择材料，运用捏、揉、团、粘的方式制作向日葵生长过程图。 2. 自然微观瓶。 活动材料：自然微观瓶范例、太空泥、皱纹纸、吸管、种子等。 关键活动：引导幼儿用美术表现手法"种植"自然微观瓶
音乐 表演区	春雨沙沙： 活动材料：《春雨沙沙》歌曲及歌曲图谱、头饰。 关键活动：引导幼儿边唱边扮演喜悦的小种子，并用肢体动作大胆地表现出种子在音乐声和春雨中发芽长大的快乐情景
教学活动	1. 一起来松土（科学）。 2. 我设计的劳动工具（美术）。 3. 小老鼠种向日葵（语言）。 4. 一起来播种（综合）。 5. 春雨沙沙（音乐）
户外 体育活动	集体游戏：种萝卜。 分散活动：小动物送信、小兔拔萝卜
生活活动	1. 引导幼儿在户外活动前后与同伴互相整理汗巾、擦汗。 2. 提醒幼儿注意在播种时保护自身安全，正确使用工具。 3. 在进餐、盥洗等生活活动中和过渡环节播放歌曲《春雨沙沙》，让幼儿欣赏、感受歌曲优美的旋律、活泼的情绪
环境创设	1. 收集各种豆子、瓜苗的手绘种植步骤图，植物发芽、生长、结果的实物图，关于种植的绘本；布置"一起来播种"主题墙。 2. 创设"我的种植计划"表征墙。 3. 引导幼儿表征和记录种植过程中遇到的问题。 4. 引导幼儿表征和记录种子生长过程，想象植物长大后的样子

续表

区域或活动	活动材料及关键活动
家园社区	1. 请家长多与幼儿交流有关蔬菜种植、粮食种植的知识。 2. 请家长利用周末时间和幼儿一起寻找合适的播种工具，认识它们，了解它们的使用方法，并让幼儿将其带到幼儿园进行种植劳动。 3. 请家长和幼儿一起在家中种植一些植物，引导幼儿自己管理植物，鼓励幼儿观察并记录植物的生长变化，激发幼儿对各种植物的喜爱之情。 4. 请家长引导幼儿了解现代农业种植过程中使用的大型农具及其使用方法

教学活动一　一起来松土（科学）

【活动目标】

1. 初步了解植物生长所需要的自然因素。

2. 能尝试用工具松土并用语言表达出来。

3. 在活动中体验松土成功的喜悦。

【活动准备】

课件、画纸、彩笔、松土工具等。

【活动过程】

一、谈话导入，激发幼儿活动兴趣

提问：前几天，我们在田地里种了什么？它们发芽了吗？（教师引导幼儿回忆已有经验，激发幼儿活动兴趣。）

引导语：这些小种子心里可着急了，它们好想快点儿长大！那么，谁会来帮帮它们呢？我们一起来看一看！

二、播放课件并进行讲述，引导幼儿初步了解植物生长所需要的自然因素

1. 播放课件，引导幼儿观看课件，了解春雨是怎样帮助想长大的种子的。

提问：这是什么声音？种子宝宝喜欢它吗？为什么？

小结：原来是春雨啊！春天到了，春雨哗啦啦地下，落到了绿色家园里，落到了泥土上。下了春雨，种子宝宝喝得饱饱的，身体长得胖胖的。

2. 继续播放课件，引导幼儿了解阳光是怎样帮助想长大的种子的。

提问：这个时候，谁来帮忙了？

小结：太阳公公散发着光芒，晒太阳可真暖和啊，种子宝宝伸了个懒腰，使劲地往上长，长出了小芽芽。

3.继续播放课件，引导幼儿了解蚯蚓是怎样帮助想长大的种子的。

提问：小蚯蚓是怎样帮助想长大的种子的呢？

小结："我来啦，我来啦，我来帮助你！"蚯蚓在泥土里钻来钻去，给种子宝宝松土。

三、引导幼儿到户外松土，并用语言表达出来

引导语：我们一起来学一学小蚯蚓，给种子宝宝松松土吧！现在的泥土又松又软，种子宝宝使劲地顶啊顶，马上就可以钻出地面了。

提问：你们是用哪种工具为种子宝宝松土的？

小结：小朋友有的用了铁锹，有的用了耙子。

四、引导幼儿通过绘画分享松土成功的喜悦

引导语：现在，请你们用手里的画纸和彩笔，将你们松土的过程画下来，并给小伙伴讲一讲自己松土时的心情。

幼儿使用完整的语言表达，教师及时反馈、小结。

教学活动二　我设计的劳动工具（美术）

【活动目标】

1.初步认识劳动工具，知道不同劳动工具的用途不同。

2.能简单画出不同劳动工具的轮廓，并用线描画装饰。

3.体验自己设计劳动工具带来的快乐。

【活动准备】

课件、劳动的视频、画纸、彩笔等。

【活动建议】

一、播放劳动的视频，引入主题

提问：你们在视频里看到了几种劳动工具？它们可以做什么？

小结：树枝剪可以剪树枝，锄头可以锄地，铲子可以铲土……这些劳动工具可以帮助我们在田地里劳动。

二、创设"我爱劳动"情境，引导幼儿简单地画出劳动工具的轮廓，表示出其明显的特点

1.播放课件，带领幼儿观察不同劳动工具的外形特点。

提问：这些劳动工具都长什么样？为什么要这样设计？

小结：树枝剪像一个大大的"×"，剪树枝的时候可以省力；锄头的头是长方形的，后面有一个长长的把，方便人们握住；铲子也有一个把，头是尖尖的，容易插进土里。

2. 引导幼儿画出一种劳动工具的轮廓，根据幼儿画的劳动工具的大小、比例等给出评价意见。

3. 提问：你们想设计一种什么样的劳动工具？你们设计的劳动工具可以用来做什么？（教师引导幼儿用完整的语言表述。）

三、巡回指导，引导幼儿大胆绘画

1. 向幼儿提出绘画要求：

（1）一张画纸设计一种劳动工具。

（2）绘画时色彩要丰富，还要保持画面整洁。

（3）音乐停止后，将画贴在展板上。

2. 指导幼儿作画，及时给出意见。

四、布置"我设计的劳动工具"展板，引导幼儿相互交流，体验设计劳动工具带来的快乐

提问：谁能介绍一下自己设计的劳动工具？它有什么作用？（教师引导幼儿大胆表达，并及时给予回应和小结。）

小结：小朋友们设计的劳动工具不仅好用，还非常美观。用这么好看的工具去劳动，我们一定力量满满！

教学活动三　小老鼠种向日葵（语言）

【活动目标】

1. 通过阅读绘本，了解种植过程与种子生长所需要的基本条件。

2. 掌握正确的种植方法，并积极参与讨论，大胆发表自己的见解。

3. 感知劳动和收获的快乐。

【活动准备】

1.《小老鼠种向日葵》绘本。

2. 种植材料与工具，如装好土的花盆、铲子、喷壶、种子；幼儿种植的还未发芽的蔬菜。

【活动过程】

一、引导幼儿交流自己种植的未发芽的蔬菜，激发幼儿兴趣

提问：这是谁种的蔬菜？这是什么蔬菜？这么久了蔬菜为什么还没有发芽呢？你们觉得它会不会发芽？（教师引导幼儿大胆猜想，激发幼儿活动兴趣。）

二、完整讲述绘本，引导幼儿了解种植过程与种子生长所需要的基本条件

引导语：蔬菜到底会不会发芽呢？我们来听一个好听的故事——《小老鼠种向日葵》。

1. 完整讲述绘本故事并提问：

（1）向日葵种子是撒在泥土里吗？

（2）米瑞是如何照顾向日葵的？

（3）故事最后，米瑞有没有完成他想要种向日葵的心愿呢？

2. 出示绘本，讲述故事。

引导语：这是一个绘本故事，现在让我们一起看着绘本中的图片把这个故事讲一遍。（教师从绘本封面开始讲述故事。）

提问：听完这个故事，你们有什么感受？

小结：我们不管做什么事情，都不能半途而废，要坚持到底。只要我们付出了努力，就一定会有收获。

3. 引导幼儿交流讨论，掌握正确的种植方法。

提问：种向日葵需要做什么？怎么种呢？（教师启发幼儿说一说种植向日葵的步骤。）

小结：先用铲子翻松泥土，再挖一个小坑，放进种子，最后在上面盖一层泥土。在向日葵生长过程中，我们需要给向日葵浇水、驱虫、拔草，这样向日葵才会健康地长大。

三、引导幼儿结合已有经验，讲述自己的种植故事

提问：每个小朋友都种了一种蔬菜。你们是不是都有一个属于自己的种植故事呢？说给大家听一听好吗？

小结：照顾植物需要耐心，就像故事中的小老鼠一样，不管别人怎么说，它每天都坚持去照顾它的向日葵种子，最后向日葵种子长成了一棵大大的向日葵。

教学活动四　一起来播种（综合）

【活动目标】

1. 了解种植过程与种子生长所需要的基本条件。

2. 掌握正确的种植方法，能独自种植一种植物。

3. 积极参与讨论，大胆发表自己的见解。

【活动准备】

1. 种子发芽的视频。

2. 铲子，西瓜、黄瓜、南瓜的种子，花盆。

【活动过程】

一、播放种子发芽的视频，激发幼儿兴趣

提问：小朋友们，种子是怎么长大的？你们觉得种子神奇吗？你们想不想也亲自动手种植一种植物，看看种子是怎样发芽、长大的？（教师鼓励幼儿积极回答，并及时给予幼儿表扬。）

二、调动幼儿已有经验，和幼儿一起讨论种植方法

1. 讲述种子的种植过程，引导幼儿互相讨论。

提问：谁知道怎样把种子种到土壤里？种子种好以后，需要做哪些事情？

2. 和幼儿共同梳理经验，明确种植方法。

提问：你们知道怎么种种子吗？

小结：向花盆里填入细碎的土壤，将花盆填到八成满，将种子均匀地撒在土壤表面（种子不能撒太多），再用细碎的土壤将种子完全覆盖，最后给种子浇适量的水（水要将花盆内的土壤全部浸透）。

三、引导幼儿分组到种植园进行种植活动，并进行重点指导

1. 引导幼儿按照正确的步骤进行种植，并引发幼儿思考。

提问：种子种在土壤的什么位置最合适？为什么？

小结：种子不能种太深，太深发不了芽；也不能种太浅，太浅会干死。

2. 引导幼儿给种植好的种子插上标签，了解种子发芽所需要的基本条件。

提问：种植好的种子放在什么地方最有助于生长？

小结：将种植好的种子放在空气流通好、阳光充足、浇水方便的地方有助于种子生长。

四、引导幼儿分享交流

1.组织幼儿分享种植后的感受。

提问：种上了种子，你们有什么感受？

小结：第一次往土里种东西，小朋友们既好奇又兴奋。种子发芽之后，我们要好好保护小苗苗，让它们茁壮成长。

2.鼓励幼儿给自己种植的植物取名字。

3.引导幼儿对自己种植的植物说一句悄悄话，使幼儿对植物日后的成长充满期待。

教学活动五　春雨沙沙（音乐）

【活动目标】

1.学会用优美、柔和的声音演唱歌曲，感受歌曲欢快、活泼的旋律。

2.能根据歌曲节奏特点演唱歌曲。

3.感受春雨悄悄下的意境和种子出土发芽的喜悦，乐于用身体动作进行表演。

【活动准备】

《春雨沙沙》歌曲及歌曲图谱、课件。

【活动过程】

一、用课件播放春雨、雷雨的声音，请幼儿倾听、比较，找出两种声音的不同

提问：春雨、雷雨的声音有什么不同？谁能学学两种不同的雨声？（教师引导幼儿大胆表现，激发幼儿活动兴趣。）

二、请幼儿完整欣赏歌曲《春雨沙沙》，感受歌曲的特点，理解歌曲的内容

1.引导幼儿欣赏一遍歌曲。

提问：听了这首歌，你们有什么感受？歌曲里唱了些什么？

2.引导幼儿再欣赏一遍歌曲。

提问："沙沙沙"是什么声音？春雨的声音为什么不是"哗哗哗"或者其他的声音呢？种子在说什么？说话的声音应该是怎样的？为什么说"雨水真甜"？

小结：这是一首优美、轻柔的歌曲。听着歌曲，好像看到了春雨在细细

地下，滋润了整个大地；泥土里的种子悄悄地钻了出来，伸展、长大，感谢春雨对它的滋润。

三、播放歌曲，请幼儿尝试着跟唱

提问：你们喜欢歌曲中的哪一句？能唱给大家听一听吗？你们觉得哪个地方比较难唱？谁能帮他唱一唱这一句？谁能完整地唱给大家听？（教师引导幼儿大胆歌唱。）

四、鼓励幼儿自编动作，表现春雨悄悄下的意境和种子出土发芽的喜悦

提问：唱这首歌的时候，你们会配上哪些动作？为什么？（教师引导幼儿展示动作。）

鼓励幼儿跟随歌曲边唱边进行表演，表达对歌曲的理解。

五、活动延伸

将《春雨沙沙》歌曲及歌曲图谱投放在音乐表演区，供幼儿继续学唱，并进行表演。

第三周　花花和芽芽

主题活动内容安排表

区域或活动	活动材料及关键活动
信息交流区	植物照料计划： 活动材料：植物照料步骤图。 关键活动：引导幼儿交流并呈现照料植物的过程
图书阅读区	拔苗助长： 活动材料：《拔苗助长》故事的图片。 关键活动：引导幼儿通过图片理解故事内容，用自己的语言大胆讲述故事，并与同伴分享自己的体会与思考
角色扮演区	花花芽芽餐厅： 活动材料：节约粮食宣传海报。 关键活动：引导幼儿扮演服务员，为农民伯伯准备营养大餐，懂得按照用餐人数适量做餐，不浪费食物

区域或活动	活动材料及关键活动
拼插 建构区	1. 开心农博会。 活动材料：开心农博会的图片、积木。 关键活动：引导幼儿通过观察农博会的展厅构造，运用垒高、堆叠、围拢等多种方式搭建开心农博会的展览区、游客区、种植区、停车场等。 2. 大型农具和蔬果。 活动材料：大型农具和蔬果的图片、雪花片。 关键活动：引导幼儿运用多种拼插方式，如十字插、斜面插等，制作各类农具以及蔬果，供农博会展览使用
益智 游戏区	新科技农场： 活动材料：新科技农场的图片、各种种子、松球、树枝、树叶、福禄贝尔玩具等。 关键活动：引导幼儿发挥想象，拼摆各种各样的农耕机器，如播种机、育苗机等，感受拼摆游戏带来的乐趣
科学 发现区	"五色花"光影： 活动材料：光影材料、手电筒、A4 纸等。 关键活动：引导幼儿制作并观察"五色花"光影的形成过程
美工 制作区	1. 美丽的油菜花。 活动材料：美丽的油菜花的图片、棉签、颜料、画笔。 关键活动：引导幼儿自主选择材料，运用拓印的方法表征油菜花。 2. 小苗和小花。 活动材料：纸、马克笔、剪刀等。 关键活动：用连续折叠的方式折叠纸张，并画出小苗和小花的纹样，然后进行剪纸。 3. 小菜篮。 活动材料：卡纸、折纸、太空泥、胶棒、油画棒等。 关键活动：采用剪、撕、贴的手法拼贴出小菜篮，并装饰成一幅完整的作品
音乐 表演区	种瓜： 活动材料：《种瓜》歌曲及歌曲图谱、头饰。 关键活动：引导幼儿边唱边扮演喜悦的种瓜小朋友，在音乐声中用肢体动作表现种植、浇水，以及种植的西瓜越来越大的快乐场景

续表

区域或活动	活动材料及关键活动
教学活动	1. 拔苗助长（语言）。 2. 小苗和小花（美术）。 3. 芽儿找朋友（数学）。 4. 种瓜（音乐）。 5. 苗苗小卫士（社会）
户外 体育活动	集体游戏：种苗苗运动员。 分散活动：小动物送信、小兔拔萝卜
生活活动	1. 引导幼儿保护眼睛，不在光线过亮或过暗的地方看书，连续看电子产品不超过 20 分钟。 2. 提醒幼儿在照料花花和芽芽的过程中，使用工具时注意安全，保护自己和他人。 3. 在进餐、盥洗等生活活动中和过渡环节播放歌曲《种瓜》，让幼儿欣赏、感受歌曲优美、活泼的旋律
环境创设	1. 收集各种豆子、瓜苗的手绘种植步骤图，呈现种植和照料植物的过程。 2. 对芽芽萌发的状态、芽芽生长需要什么样的条件进行梳理汇总，收集植物发芽、生长、结果的图片。 3. 收集关于植物养护的绘本故事。 4. 创设"我的照料计划"主题墙，引导幼儿表征和记录种植过程中遇到的问题。 5. 引导幼儿表征和记录芽芽生长的过程，以及想象植物长大后的样子
家园社区	1. 请家长多与幼儿交流有关植物养护的知识。 2. 请家长利用周末时间和幼儿一起寻找合适的播种工具，了解它们的使用方法，并让幼儿将其带到幼儿园进行种植劳动。 3. 请家长和幼儿一起发现生活中的花花和芽芽，了解不同植物的生长形态。 4. 请家长引导幼儿了解照料植物过程中使用到的工具及其使用方法

教学活动一　拔苗助长（语言）

【活动目标】

1. 理解故事内容，了解"拔苗助长"的寓意。

2. 能根据故事情节的变化，清楚地表达自己的观点。

3.知道做事要从实际出发，否则就会好心办坏事的道理。

【活动准备】

《拔苗助长》故事、课件。

【活动过程】

一、与幼儿谈话，引发幼儿猜想，引出故事

提问：如果你们都有一颗种子，种下后你们最大的愿望是什么？为了让它快快长大，你们会用什么办法？（教师引导幼儿大胆交流。）

引导语：古时候有个农夫也想让他种的禾苗快快长大，你们想知道他用了什么办法吗？今天，我们一起来欣赏成语故事《拔苗助长》。

二、分段讲述故事，引导幼儿理解故事内容

1.引导幼儿欣赏故事的第一段。

提问：故事中有谁？他在干什么？农夫怎么了？他为什么发愁？如果你们是农夫，你们会怎么做？

2.引导幼儿欣赏故事的第二段。

提问：现在农夫又怎么了？发生了什么事情？禾苗为什么会枯死呢？究竟发生了什么事情呢？

3.引导幼儿欣赏故事的第三段。

提问：

（1）农夫是怎样让禾苗长大的？你们能模仿一下他的动作吗？

（2）农夫对他想出的办法满意吗？从哪里可以看出来？你们能说说他的话吗？他会带着怎样的心情讲这些话？你们能表演一下吗？

三、引导幼儿完整欣赏故事，理解成语的含义

提问：

（1）农夫因为拔高禾苗，使禾苗都枯死了，你们想对他说些什么？

（2）你们知道生活中还有什么事太急了也不行？

小结：每个事物都有自己的发展规律，我们要遵循规律，平时做事不能太着急，心急时好心也能办坏事。

四、引导幼儿练习看图讲故事

播放课件，鼓励幼儿大胆地看图讲故事，将自己的感受以农夫的语言表达出来。

鼓励幼儿续编故事，引导幼儿讨论：看到禾苗枯死了，农夫的心情怎样？他会说些什么？

附：

拔苗助长

战国时候，有个急性子的宋国人种了一块地。栽下禾苗后，他日夜盼望稻田里的禾苗快些长大。他每天都到地里去看，可是禾苗是要慢慢长的，不可能长得像他想的那样快。他心里非常着急：怎样才能让禾苗尽快长高呢？

有一天，他想出了一个妙计：到地里去把每棵禾苗都从土里拔高一些。禾苗倒是都长高了好些。

回家后，他很得意地对家人说："好累啊！辛辛苦苦干了一整天！不过，田里的禾苗长高了好些。"他儿子听说后，连忙跑到田里去看，结果发现田里的禾苗全都枯死了。

教学活动二　小苗和小花（美术）

【活动目标】

1.学习用先画花心再画周边花瓣的方法画出不同形态的小花。

2.认真观察花瓣的外形，大胆使用不同的线条、色彩来表现形态各异的小苗和小花，并保持画面整洁。

3.喜欢大自然，感受大自然的神奇与美丽。

【活动准备】

1.花的视频。

2.白色铅画纸、清水、小毛笔、各色颜料。

【活动过程】

一、播放花的视频，引导幼儿欣赏不同形态的花朵，感受花朵的色彩美和形态美

1.与幼儿谈话，引出主题。

提问：你们知道花朵是怎样长大的吗？

2.播放花的视频，引导幼儿观察花朵的外形特征。

提问：花朵小时候长什么样子？你们看到了什么颜色的花朵？你们认为

花朵的花瓣像什么?

小结:花朵小时候是小苗,小苗小小的、绿绿的。花朵有许多颜色。花瓣有的像圆圆的气球,有的像卷卷的豆芽,有的像尖尖的小船。

二、先示范,再引导幼儿用先画花心再画周边花瓣的方法画出不同形态的小花

1. 引导幼儿自主探索画小花的方法。

提问:画小花时,要先画什么,再画什么?

小结:先画圆圆的花心,再画周边的花瓣。

2. 引导幼儿用棉签画菊花。

3. 根据幼儿的绘画情况,示范画花瓣的方法。

提问:老师是怎么画的?

小结:同一朵花的花瓣形状和大小基本相同,花瓣要紧靠花心。

三、巡回指导,引导幼儿使用不同的线条、色彩作画,表现形态各异的小苗和小花

1. 向幼儿提出绘画要求:

(1)要画小花,也要画小苗。

(2)认真观察花朵的样子,画出不一样的小花。

(3)画画时,要先画花心,再向外画花瓣。

(4)音乐停止后,将画贴在展板上。

2. 引导幼儿画出形态各异的小苗和小花。

四、创设"花展"情境,引导幼儿相互交流和评价

1. 邀请幼儿欣赏和评价展板上的作品。

提问:你们最喜欢哪幅作品?你们认为这幅作品哪里画得比较好?

小结:有的作品用了很多种颜色,有的作品画了形态各异的小苗和小花,真美!

2. 引导幼儿欣赏大师作品。

引导语:不仅我们爱画花,一些艺术大师也喜欢画花,我们一起来看看吧!

小结:这些艺术大师有的画的是水粉画,有的画的是水墨画,有的画的是油画,真是太美了!

教学活动三 芽儿找朋友(数学)

【活动目标】

1. 学习 3 的组成,知道 2 和 3 两个数的关系,理解 3 的实际意义。

2. 能灵活运用多种方法比较 2 和 3 两个数的大小。

3. 体验数学游戏的乐趣。

【活动准备】

1. 课件。

2. 花园背景图、3 个不同颜色小芽的教具、3 只不同颜色蝴蝶的活动卡片、雪花片、小铃铛。

【活动过程】

一、游戏导入,引出主题,复习 2 的点数

1. 出示小芽教具,引导幼儿手口一致地点数。

提问:土地上有几个小芽?(教师引导幼儿一起数一数。)

2. 引导幼儿复习 2 的点数,以及 1 和 2 的关系。

提问:小朋友们,我问你们,小芽有几个? 1 比 2 少了几个? 2 比 1 多了几个?

二、出示花园背景图,创设"蝴蝶找朋友"情境,引导幼儿学习数数,认读数字 3

1. 引导幼儿认读数字 3,知道数字 3 的实际意义。

提问:又来了一个小芽,现在是几个小芽?我们一起来数一数。3 像什么? 3 还可以代表什么?

小结:3 像耳朵,3 可以表示任何 3 种物品。

2. 引导幼儿观察 3 个颜色不同的小芽,使幼儿知道 3 里面有 3 个 1。

提问:这 3 个小芽有什么不同?

小结:3 个小芽的颜色不同。3 里面有 3 个 1。

3. 出示花园背景图,组织幼儿玩蝴蝶找朋友的游戏(同颜色的蝴蝶找到同颜色的小芽),引导幼儿采用多种方法比较蝴蝶与小芽的数量,使幼儿知道 2 比 3 少 1,3 比 2 多 1。

提问:你们能帮蝴蝶找到小芽吗?哪只蝴蝶没有朋友?没有朋友的蝴蝶该怎么办?(教师引导幼儿分组探索 2 和 3 的关系。)

小结：2 比 3 少 1，3 比 2 多 1。

三、引导幼儿玩小芽和小花交朋友的游戏，进一步巩固幼儿对 3 的认识

1. 每桌幼儿分成两组，教师吹口哨。幼儿听到几声口哨，就出示几个小芽和几朵小花，教师验证答案。游戏进行 1 或 2 遍。

2. 教师吹口哨。幼儿听到几声口哨，就说出比听到的口哨声多 1 的数，教师验证答案。游戏进行 1 或 2 遍。

3. 教师吹口哨。幼儿听到几声口哨，就说出比听到的口哨声少 1 的数，教师验证答案。游戏进行 1 或 2 遍。

四、引导幼儿玩抱一抱的游戏

1. 教师播放音乐，音乐停止后，举起数字卡片。卡片上是几，几个幼儿抱在一起。

2. 教师播放音乐，音乐停止后，举起数字卡片。比数字卡片上的数字多 1 个小朋友抱在一起。

3. 教师播放音乐，音乐停止后，举起数字卡片。比数字卡片上的数字少 1 个小朋友抱在一起。

教学活动四　种瓜（音乐）

【活动目标】

1. 学唱歌曲，唱准附点音符，唱出节奏。

2. 有表情地演唱，通过表情和动作表现种瓜的喜悦心情。

3. 体验种瓜的喜悦，体会农民伯伯的不容易。

【活动准备】

《种瓜》歌曲及歌曲图谱。

【活动过程】

一、通过猜谜语导入活动，激发幼儿参与活动的兴趣

引导语：老师这里有一个谜语，请你们来猜一猜。

谜语：身穿绿衣裳，肚里水汪汪，生的子儿多，个个黑脸膛。

二、播放歌曲，引导幼儿唱准附点音符，唱出节奏

1. 第一次演唱歌曲，引导幼儿感受歌曲旋律的特点。

提问：听了这首歌，你们有什么感受？

小结：这是一首表现种瓜情景的欢快的歌曲，让人觉得很快乐。

2.第二次演唱歌曲，引导幼儿初步理解歌曲内容。

提问：我在哪里种了一棵瓜？我是怎么照顾这个瓜的？

小结：我在墙根下种了一棵瓜，天天来浇水，天天来看它。

3.第三次演唱歌曲，引导幼儿进一步理解歌曲内容。

提问：在我的照顾下，西瓜发生了什么变化？

小结：发了芽，开了花，结了个大西瓜。

4.第四次演唱歌曲，引导幼儿轻声跟唱。

5.出示歌曲图谱，引导幼儿根据歌曲图谱演唱歌曲。

三、和幼儿共同演唱歌曲，引导幼儿表演歌曲内容

提问：种瓜可以用什么动作来表示？浇水可以用什么动作来表示？

小结：种瓜可能会用到铲子，会有翻地的动作。浇水可能会用到水壶，此时要用手做浇水的动作。

教学活动五　苗苗小卫士（社会）

【 活动目标 】

1.了解养护苗苗的小知识。

2.能与同伴分工合作制作认养牌，积极参与认养苗苗的活动。

3.通过认养苗苗，培养爱护苗苗的意识。

【 活动准备 】

1.种植苗苗的视频。

2.教师自制的认养牌，内容有班级、认养人等；制作认养牌的材料，如纸、笔、塑料纸、胶带、小细绳等（有条件的幼儿园，可提供塑封设备）；养护苗苗的工具，如铁锹、水桶等。

3.幼儿课前了解苗苗的种植过程。

【 活动过程 】

一、引导幼儿观看种植苗苗的视频，了解种植苗苗的知识

提问：春天到了，万物复苏，小朋友们可以做什么呢？（教师启发幼儿说出给树浇水、松土等。）

二、组织幼儿制作认养牌，培养幼儿爱护苗苗的意识

1. 出示自制的认养牌，引导幼儿了解认养牌，知道认养的目的是看护和照顾苗苗，使苗苗健康生长。

提问：什么是认养？为什么要认养苗苗？

2. 引导幼儿分组制作认养牌。

引导幼儿在小组内商量苗苗的昵称和给苗苗的祝福语，在认养牌上画出自己喜欢的图案进行装饰。

帮助幼儿填写文字等（有条件的幼儿园，教师还要帮幼儿塑封、打洞）。

三、带领幼儿认养苗苗，做苗苗的小卫士

1. 将幼儿带到院子里，让幼儿以小组为单位自主选择要认养的苗苗。

协助幼儿悬挂认养牌。

2. 带领幼儿给苗苗浇水、除草、松土等。

3. 引导幼儿讨论：认养后我们要怎样照顾苗苗？

引导幼儿坚持长期观察、照顾苗苗。

小结：要经常关心苗苗，给苗苗浇水、锄草等，像照顾朋友一样照顾它们。要认真观察，一旦发现苗苗生病了，要及时告诉老师，请老师给苗苗治病。

第三节　大班主题课程

主题一　发现味道

▎主题价值

暖和的春天来了，大地上的每一个角落都充满了春天的气息。本主题旨在以春天的味道为抓手，探索春天节气与食物的关系。本主题由《春天的味道》《味道中的营养》《营养搭配我知道》三个次主题构成，讲述了应根据春天节气的变更选择食用当季、本地安全无害的食材，加强习俗与食俗的学习，引导幼儿积极体验传统饮食文化，使幼儿萌发顺应时令饮食的意识，获得健

康饮食的观念和健康生活的能力。

《幼儿园教育指导纲要（试行）》中指出"要充分利用自然环境资源，扩展幼儿生活和学习的空间"。大班幼儿通过以往的学习，对食物的营养价值、平衡膳食宝塔已经有所了解，但是对于当季时令食物的了解还不够。本主题主要引导幼儿了解春天的节气，知道与春天的节气相关的食物，并能根据春天的季节特点合理搭配食物，从而萌发顺应时令健康饮食的意识；将理论与实践相结合，以游戏的方式向幼儿灌输当季新鲜蔬果、海产品对身体健康的重要性，在实践中培养幼儿正确的饮食观念。

主题目标

1. 理解并掌握春天不同节气的特点，鉴别春季时令蔬果和海产品的种类，了解它们的营养价值。

2. 能根据季节和地区特征，学会合理搭配食物，制定简单的健康食谱，提升实际操作能力和创造力。

3. 形成关注时令食物、偏好新鲜食材的饮食习惯，形成正确的饮食观念。

4. 喜爱当季、本地的新鲜食物，对季节变化感兴趣，了解健康饮食的重要性，萌发顺应时令健康饮食的意识。

5. 能与同伴合作探索季节食物和传统食俗，愿意分享自己的发现和创意，提高团队协作能力。

第一周　春天的味道

主题活动内容安排表

区域或活动	活动材料及关键活动
信息交流区	家乡的春味： 活动材料：青岛地区常见的食物。 关键活动：引导幼儿主动探索春天的节气与青岛地区常见食物之间的关系，萌发对春季时令食物的探究兴趣

区域或活动	活动材料及关键活动
图书阅读区	春天里的节气： 活动材料：绘本《这就是二十四节气》、调查表、春天节气习俗的图片。 关键活动：①引导幼儿用正确的姿势看书，并记录图书内容；②引导幼儿讨论交流自己知道的节气及节气习俗
角色扮演区	春味馆： 活动材料：纸筒、纸箱、橡皮泥、画纸、笔等。 关键活动：①引导幼儿自主讨论春天时怎么让自己的身体健康，如何养生；②引导幼儿开发多种游戏内容，根据游戏内容自行制作游戏道具，在游戏中保持场地干净整洁，及时将物品放回原处；③引导幼儿在游戏后用符号画出游戏故事并讲述故事内容
拼插建构区	春季食疗馆： 活动材料：奶粉桶、卫生纸桶、废旧纸盒、易拉罐等，春季食疗馆各个角度的图片，积木。 关键活动：引导幼儿仔细观察春季食疗馆的外形，并运用架空、间隔垒高、围拢等多种组合方法搭建春季食疗馆的主体
益智游戏区	1. 一园青菜成了精。 活动材料：雪花片、绘本《一园青菜成了精》。 关键活动：指导幼儿采用雪花片运用圆形插、一字插等方法拼插大葱，并讲述拼插步骤和拼插时注意到的细节 2. 食品数独。 活动材料：3×3 与 4×4 的九宫格、各类食品的图片。 关键活动：引导幼儿推理难度层层递进的九宫格中缺少的食品图片，注意横竖不能有重复
科学发现区	二十四节气： 活动材料：调查表，纸筒，纸杯，玉米棒、贝壳、松果、易拉罐等生活材料，绘本《这就是二十四节气》。 关键活动：引导幼儿运用多种方式探索春天的节气，并表征探索过程和步骤

区域或活动	活动材料及关键活动
美工 制作区	1. 柳条飘飘。 活动材料：绿色皱纹纸、折纸、卡纸、剪刀、胶水、柳条的图片。 关键活动：①引导幼儿运用搓条、剪、贴等方法制作柳条；②引导幼儿自主选择装饰材料，大胆创作柳树；③引导幼儿说出制作创意柳树的方法。 2. 美味春卷。 活动材料：春卷的图片，卡纸，各种颜色的太空泥，纸片、亮片、水粉颜料等辅助材料，贝壳、吸管、小木棍等生活材料，以及剪刀、双面胶等工具。 关键活动：引导幼儿自主选择材料和工具，运用团圆、压扁、粘贴等方式在水粉背景上创作美味春卷。 3. 春天的蔬菜。 活动材料：春天蔬菜的实物、水彩笔、油画棒、水粉颜料、画纸。 关键活动：①引导幼儿学习正确的坐姿、正确的握笔姿势；②引导幼儿自主选择材料、工具、颜料大胆创作，并根据实物特征进行讲评
音乐 表演区	1. 柳树姑娘。 活动材料：《柳树姑娘》歌曲及歌曲图谱、头饰。 关键活动：指导幼儿声情并茂地进行表演 2. 故事表演。 活动材料：《小桃仁》故事图片，《小桃仁》故事角色头饰、服装、道具。 关键活动：引导幼儿认真观察《小桃仁》故事图片，了解故事情节，表演故事
教学活动	1. 二十四节气之立春（社会）。 2. 6 的组成（数学）。 3. 柳树姑娘一（音乐）。 4. 柳树姑娘二（音乐）。 5. 春味（科学）
户外 体育活动	集体游戏：纸棒乐。 分散活动：捉龙虾、贴人
生活活动	1. 创设"我的小巧手"情境，引导幼儿学习用筷子、勺子吃饭。提醒幼儿，吃饭的时候，如果用筷子夹不住，没办法送到嘴巴里，需要用勺子在一旁辅助。 2. 创设"我是小小清洁员"情境，引导幼儿双手配合并把地上的垃圾用扫帚和簸箕扫起来

区域或活动	活动材料及关键活动
环境创设	1. 布置"春天的味道"主题墙，粘贴幼儿表征的春天的节气。 2. 与幼儿共同制作春天的味道网格图。 3. 指导幼儿完成调查表
家园社区	1. 请家长利用节假日带幼儿观察和了解家乡的各种特色食物，拍照或画下来，让幼儿带到幼儿园。 2. 请家长和幼儿一起收集春天的节气的图片和书籍，便于幼儿了解相关知识。 3. 请家长和幼儿一起制定家庭营养食谱，引导幼儿了解食物的营养搭配

教学活动一　二十四节气之立春（社会）

【活动目标】

1. 了解立春的习俗，知道立春是二十四节气之首。

2. 能大胆地和同伴交流自己对立春的认识。

3. 感受二十四节气与我们生活的密切联系。

【活动准备】

1. 课件、立春习俗的视频。

2. 幼儿提前对立春有初步的了解。

【活动过程】

一、谈话导入，引起幼儿兴趣

提问：小朋友们，你们知道现在是什么季节吗？春天有几个节气呢？

小结：现在是春天，春天有六个节气，分别是立春、雨水、惊蛰、春分、清明、谷雨。

二、用课件出示立春的图片，引导幼儿了解立春的含义，让幼儿知道立春是二十四节气之首

引导语：我们古代的劳动人民，为了能够更好地耕田农作，根据一年四季的气候变化将一年分成了二十四个节气，每一个节气都寓意着不同的气候变化，而每年的 2 月 3 日、4 日或 5 日就是第一个节气——立春。

提问：你们知道立春的含义吗？

小结：立春为二十四节气之首。立，是开始的意思；春，代表温暖、生长。立春标志着万物闭藏的冬季已经过去，开始进入风和日暖、万物生长的春天。在自然界，立春最显著的特点就是万物开始有复苏的迹象。

三、播放立春习俗的视频，引导幼儿了解立春的习俗

1. 提问：刚才我们了解了立春的含义。对于这么重要的节日，你们知道有什么习俗吗？

小结：立春的习俗有迎春、打春牛、抢春、咬春等。迎春是立春重要的活动，在古时候，不管是天子还是庶民，都要到东郊迎春祈求丰收。在立春这一天，村民们会用泥塑一头牛，用鞭子抽打春牛，以祈求风调雨顺，这就是打春牛。在打春牛时，人们还会去抢被打落的土块，以图个吉利，称为抢春。在立春这天还要吃春饼、萝卜，称为咬春。

2. 提问：那你们知道我们北方咬春的时候要吃什么吗？南方呢？

小结：有些地方会买白萝卜回来吃。北方的人们会用面饼裹新鲜的蔬菜吃，叫作"春饼"。南方人则会吃春卷。这些都寓意着五谷丰登，期盼庄稼丰收。

四、播放课件，引导幼儿了解每个季节包含的节气

提问：每个季节都包含节气，你们知道每个季节的节气有哪些吗？

小结：全年一共有二十四个节气，每个季节有六个节气。夏季有立夏、小满、芒种、夏至、小暑、大暑；秋季有立秋、处暑、白露、秋分、寒露、霜降；冬季有立冬、小雪、大雪、冬至、小寒、大寒。

五、活动延伸

引导语：老师这里还有一首《二十四节气歌》，我们一起来听一听吧！

附：

二十四节气歌

春雨惊春清谷天，
夏满芒夏暑相连。
秋处露秋寒霜降，
冬雪雪冬小大寒。

教学活动二　6 的组成（数学）

【活动目标】

1. 通过自主探索和动手操作，感知 6 的分解与组成，掌握 6 的 5 种分法。

2. 在感知数的分解和组成的基础上，掌握数的组成的递增、递减规律，互相交换的规律。

3. 萌发对数学的兴趣。

【活动准备】

2 个小盒、6 的数字卡片、6 个雪花片、6 的分合式需要的数字、6 张扑克牌、印有 6 的分合式的纸。

【活动过程】

一、与幼儿谈话，复习 5 以内数的分解和组成

提问：小朋友们，5 可以分成 4 和几？还可以分成几和几？4 和 1 合起来是几？

二、情景导入，激发幼儿兴趣

引导语：小朋友们，黑板上有什么？有几个雪花片？（教师出示 6 的数字卡片，和幼儿一同点数。）

提问：老师要把 6 个雪花片分到 2 个小盒里，有几种分法？请你们来帮我分一分。

三、引导幼儿学习并掌握 6 的 5 种分法

1. 请幼儿来分雪花片。

引导幼儿将 6 个雪花片分到 2 个小盒里，请幼儿说一说自己分的结果。

将幼儿每次分的结果用数字记录下来。

2. 观察幼儿无序的分法，引导幼儿进行调整。出示 6 的分合式需要的数字，以及印有 6 的分合式的纸，写出 6 可以分成 1 和 5、2 和 4、3 和 3、4 和 2、5 和 1 的有序分解式。

3. 引导幼儿了解数的组成的递增、递减规律，以及互相交换的规律。

四、引导幼儿通过游戏，练习 6 的分解与组成

1. 出示 6 张扑克牌，将其用两只手握住，请幼儿看一只手中扑克牌的数量，猜测另一只手中有几张扑克牌，然后点数验证。

2. 引导幼儿两两结对，玩猜雪花片的游戏。

五、活动延伸

在日常生活中进行复习巩固，并利用扑克牌开展游戏，引导幼儿根据 6 的分解和组成学习 6 的加减法。

教学活动三　柳树姑娘一（音乐）

【活动目标】

1. 理解歌曲中把柳树比成姑娘的拟人手法，掌握附点音符的唱法，感受三拍歌曲的优美旋律。

2. 能用连贯优美、活泼轻快的歌声表现歌曲。

3. 体验与老师、同伴合作演唱的快乐。

【活动准备】

钢琴、《柳树姑娘》歌曲及歌曲图谱。

【活动过程】

一、引导幼儿练习发声，突破歌曲难点

弹奏钢琴，重点引导幼儿练习"1 - 3 | 1. 3 1 6 | 6 - - | 5 6 6 0"部分。

二、出示歌曲图谱，完整范唱歌曲，引导幼儿熟悉歌曲旋律，理解歌曲内容

1. 有感情地清唱歌曲，引导幼儿理解歌曲内容。

提问：你们觉得柳树姑娘美吗？你们是从哪里听出来的？柳树姑娘在池塘边做了什么事？

引导语：我们再来听一听，看看自己有哪些歌词没有听出来。

2. 再次清唱歌曲，引导幼儿模仿。

提问：你们听到了什么？请你们来唱一唱。

3. 范唱《柳树姑娘》，在句首重音，引导幼儿感受三拍"强弱弱"的节奏。

提问：这首优美的歌曲是几拍的？

小结：这首歌曲是三拍的，请尝试拍出三拍"强弱弱"的节奏变化。

4. 再次范唱歌曲，鼓励幼儿小声跟唱。

三、播放歌曲，引导幼儿演唱歌曲，表现歌曲的情绪变化

1. 指导幼儿跟随音乐完整演唱歌曲，根据演唱情况指导幼儿有重点地练习。

提问：你们觉得哪里唱得比较好？哪里还有困难呢？

小结：我们在演唱时要注意唱准附点音符。

2. 组织幼儿分组演唱，学习用连贯优美、活泼轻快两种歌声唱出歌曲的情绪变化。

提问：歌曲前四句表现了柳树姑娘拖着长长的辫子随风轻轻摆动，我们应该怎么唱？后面几句表现了柳树姑娘高兴地在池塘里洗头发，我们演唱时要有什么变化？

小结：前四句的节奏比较缓慢，要拖长音；后几句越来越欢快、跳跃，我们要唱出柳树姑娘洗头发时的欢快心情。

3. 请幼儿演唱歌曲，引导幼儿用声音和动作表现柳树姑娘优美的姿态。

小结：我们可以加上柳树姑娘洗头发的动作进行歌曲表演！

四、活动延伸

将歌曲图谱投放至音乐表演区，引导幼儿声情并茂地进行歌曲表演。

教学活动四　柳树姑娘二（音乐）

【活动目标】

1. 唱准句首的重音，学习用唱衬词、看歌曲图谱、看指挥的方式加入合唱。

2. 能用连贯优美、活泼轻快两种歌声表现歌曲中的不同情绪，能用唱衬词的方法合作演唱歌曲。

3. 体验与老师、同伴合作演唱的快乐。

【活动准备】

1.《柳树姑娘》歌曲及歌曲图谱、《柳树姑娘》合唱视频、钢琴。

2. 幼儿已经学会《柳树姑娘》第一段。

【活动过程】

一、播放《柳树姑娘》合唱视频，引导幼儿了解合唱歌曲的特点

提问：前面那个人在干什么？他在这个合唱中有什么作用呢？

小结：前面那个人是指挥。指挥在合唱中起到了非常重要的作用，所有合唱人员都要根据指挥的手势来合唱。

二、引导幼儿复习第一段音乐，唱准句首的重音，学习看歌曲图谱，用唱衬词的方式演唱歌曲

1.弹奏《柳树姑娘》，在句首的重音处用琴声暗示，帮助幼儿感受句首的重音。

提问：这首歌曲哪个地方要唱重音？为什么？

小结：这首歌曲是三拍的，三拍的节奏是"强弱弱"。

引导幼儿观察歌曲图谱，探索和了解歌曲衬词。

提问：你们知道这个地方要怎么唱吗？

2.扮演春风，唱衬词，引导幼儿倾听并演唱歌曲。

提问：你们觉得这样唱好听吗？老师是怎么唱的？

小结：衬词一般出现在民歌中，是为了完整地表现歌曲而穿插的一些由语气词、形声词、谐音词或称谓构成的衬托性词语。

扮演春风，唱衬词，引导幼儿倾听衬词的位置。

提问：啦啦啦的声音都出现在歌曲的哪个位置？（教师打开相应位置的歌曲图谱。）

小结：前四句都是在每一句的最后一个字后唱啦啦啦，从第五句开始全体合唱。

教师指挥，幼儿男女分组，加上衬词演唱歌曲。

三、指导幼儿用连贯优美或活泼轻快的歌声表现歌曲中的情绪变化，用唱衬词的方法合作演唱歌曲，体验与老师、同伴合作演唱的快乐

1.组织幼儿分组演唱，学习用连贯优美、活泼轻快两种歌声唱出歌曲中的情绪变化。

提问：歌曲前四句表现了柳树姑娘拖着长长的辫子随风轻轻摆动，我们应该怎么唱？后面几句表现了柳树姑娘高兴地在池塘里洗头发，我们演唱时要有什么变化？

2.引导幼儿倾听别人的歌声，注意与同伴配合，体验合作歌唱的快乐。

提问：你们觉得哪里唱得比较好？哪里还有困难呢？

根据幼儿演唱情况，指导幼儿有重点地练习。

四、活动延伸

将《柳树姑娘》歌曲及歌曲图谱投放到音乐表演区，以便幼儿演唱时使用。

教学活动五　春味（科学）

【活动目标】

1. 了解春天的时令蔬菜和海产品，了解时令食物所含的营养价值。

2. 能将时令食物按月份进行分类。

3. 萌发对春天时令食物的探究兴趣。

【活动准备】

1. 课件、视频。

2. 调查表、记录表。

【活动过程】

一、结合调查表谈话导入，激发幼儿活动兴趣

提问：小朋友们，春天到了，你们都调查了春天里的哪些食物呢？请你们来分享一下吧！

小结：春天是一个万物复苏的季节，春天的景好看，食物也非常多。

二、用课件出示食物图片，引导幼儿了解春天的时令蔬菜和海产品

1. 用课件出示食物图片，引导幼儿探索春天有哪些时令蔬菜和海产品。

引导语：小朋友们，今天老师准备了很多食物的图片，请你们找一找哪些是春天的时令蔬菜和海产品，并在记录表上记录下来。（教师引导幼儿分组探索。）

2. 播放视频，引导幼儿交流春天的时令蔬菜和海产品。

提问：你们认为春天都有哪些时令蔬菜和海产品呢？（教师引导幼儿每组出一个代表来交流。）

小结：原来每一个季节都有相应的时令食物，春天的时令蔬菜有荠菜、面条菜、菠菜、苔菜、香椿等。春天的时令海产品有开凌梭鱼、蛤蜊、海虹、鲅鱼等。

三、播放视频，引导幼儿了解时令食物应吃的月份

1. 播放视频，引导幼儿了解视频中时令食物应吃的月份。

提问：小朋友们，你们知道春天有哪几个月吗？

小结：原来春天是指每年的 2 月份到 5 月份。

提问：那你们知道在春天的这 3 个月中分别适合吃哪些食物吗？我们来看一个视频了解一下吧！（视频中只出示部分时令蔬菜和海产品。）

小结：原来荠菜适合 3 月份到 4 月份吃，香椿适合 4 月份吃，苔菜适合 3 月份到 5 月份吃，面条菜适合清明节前后吃；蛤蜊、海虹适合 2 月底到 3 月份吃，开凌梭鱼适合 2 月份到 3 月份吃。

引导语：现在，就请你们根据月份将春天的食物分分类吧！

2. 组织幼儿讨论交流，引导幼儿了解其他时令食物适合吃的时间。

提问：视频中没出现的这两种食物，你们认为适合在春天的什么时间段吃？

小结：菠菜原来分为春菠菜、夏菠菜、冬菠菜，春菠菜适合 3 月份到 4 月份吃。鲅鱼适合 4 月份到 5 月份吃。

四、播放视频，引导幼儿了解时令食物的营养价值

提问：小朋友们，你们知道为什么我们要在春天吃这些食物吗？

小结：荠菜为十字花科植物，是一种人们喜爱的可食用野菜，遍布全世界。它的营养价值很高，还有止血、明目的功效，常用于治疗肠炎、胃溃疡、感冒发热等。香椿具有抗衰老、健脾开胃、解毒杀菌、增强免疫力的作用。苔菜可以降低血脂、通便减肥、健脑益智。菠菜中含有类胡萝卜素，类胡萝卜素在人体内可以转变成维生素 A，能保护视力和维持上皮细胞健康，增强预防传染病的能力，促进儿童生长发育。开凌梭鱼对血液循环有利，是心血管疾病患者的良好食物，具有养血，明目，增强记忆、思维和分析能力，延缓脑力衰退，暖胃，润肌等功能。海虹是一种低膳食纤维、高铁的食物，适合口腔溃疡、脂肪肝患者食用。蛤蜊是一种低膳食纤维、高钠的食物，适合养生的人、肺结核患者、脱发的人食用。

第二周 味道中的营养

主题活动内容安排表

区域或活动	活动材料及关键活动
信息 交流区	1. 春季时令食物。 活动材料：春季时令蔬菜、水果、海产品的图片。 关键活动：引导幼儿观察图片，讲述春季时令食物的品种、营养价值及简单做法。 2. 五色食物。 活动材料：五色食物调查表。 关键活动：引导幼儿表征和记录自己查阅、了解的有关春季时令食物的知识

续表

区域或活动	活动材料及关键活动
图书 阅读区	1. 吃了有力气的黄色食物。 活动材料：绘本《吃了有力气的黄色食物》。 关键活动：引导幼儿讨论交流自己知道的食物的营养价值。 2. 五色食物。 活动材料：五色食物调查表、五色食物的图片。 关键活动：引导幼儿与同伴探索、讨论五色食物都有什么，激发幼儿的探究欲望。 3. 五色食物营养多。 活动材料：诗歌《五色食物营养多》的图片。 关键活动：引导幼儿根据图片声情并茂地朗诵诗歌
角色 扮演区	1. 五色饭店。 活动材料：饭店中烘焙、买卖、进餐区域的模型，角色头饰。 关键活动：引导幼儿自主选择角色进行扮演，体验角色扮演的乐趣。 2. 五色超市。 活动材料：纸筒、纸箱、橡皮泥、画纸、笔等。 关键活动：引导幼儿根据游戏内容自行制作游戏道具，丰富游戏内容，初步感受制作游戏道具、玩买卖游戏的快乐
拼插 建构区	五色食物： 活动材料：雪花片、五色食物的图片。 关键活动：指导幼儿使用雪花片采用圆形插、一字插、弧形插等方法拼插五色食物
益智 游戏区	1. 吃了长个子的红色食物。 活动材料：绘本《吃了长个子的红色食物》，福禄贝尔玩具。 关键活动：引导幼儿观察绘本中的红色食物，运用福禄贝尔玩具拼摆吃了长个子的红色食物。 2. 多米诺骨牌。 活动材料：多米诺骨牌。 关键活动：能将多米诺骨牌排成行、排成列，使多米诺骨牌之间的距离一样，观察力的传动现象

续表

区域或活动	活动材料及关键活动
科学 发现区	植物泉水： 活动材料：黄瓜、盐、纸巾、水彩笔、小刀、勺子。 关键活动：引导幼儿通过动手操作，了解纸巾被染色是因为溶解在纸巾中的色素由于毛细作用扩散了，而加盐可以让纸巾中的色素跑得更快
美工 制作区	1. 味道表情。 活动材料：品尝酸甜苦辣咸味道的表情图片。 关键活动：引导幼儿根据五官大小、位置，合理表征出品尝不同味道的表情。 2. 五色食物巧制作。 活动材料：五色食物的图片、橡皮泥等。 关键活动：引导幼儿掌握先主后次的绘画方法，能正确表现遮挡关系
音乐 表演区	买菜： 活动材料：《买菜》歌曲及歌曲图谱。 关键活动：引导幼儿用自然愉悦的声音演唱歌曲，唱准音符，感受珍惜时间的情感
教学活动	1. 五颜六色的食物（健康）。 2. 五色食物我知道（科学）。 3. 五色食物营养多（语言）。 4. 酸甜苦辣咸（美术）。 5. 6 的加法（数学）
户外 体育活动	集体游戏：运食物。 分散活动：动物运动会、冲破纸墙
生活活动	1. 自主晨检我最棒。 ①引导幼儿了解常见春季传染病及其症状，能清楚地把身体的感受告诉家长或老师。 ②指导幼儿入园后按照晨检机器人的提示自主、正确地完成晨检。 ③引导幼儿开展春季健康知识大比拼活动。 2. 餐前活动。 ①引导幼儿交流五色食物有哪些，分别有什么营养。 ②给幼儿分享绘本《食物王国的色彩精灵》。 ③引导幼儿开展文明礼仪好宝贝活动

续表

区域或活动	活动材料及关键活动
环境创设	1. 创设"五色食物我知道"主题墙，投放食物图片。 2. 将幼儿的调查表投放到班级各处。 3. 引导幼儿表征五色食物的营养
家园社区	1. 请家长周末带幼儿在家品尝五色食物。 2. 请家长协助幼儿将有关五色食物的绘本带到幼儿园。 3. 请家长和幼儿共同完成调查表

教学活动一 五颜六色的食物（健康）

【活动目标】

1. 知道五色食物对身体的好处。

2. 能根据五色食物的营养解决身体出现的问题。

3. 感受合理饮食对身体健康的好处。

【活动准备】

1. 课件。

2. 一个神秘百宝箱、六个小筐子、不同颜色的食物。

【活动过程】

一、用神秘百宝箱导入，激发幼儿兴趣

引导语：阿拉丁送给小朋友们一个神秘百宝箱，里面都有什么呢？我请一个小朋友来摸一摸，猜一猜。

提问：你摸到了什么？有什么感觉？

小结：原来这个神秘百宝箱里有茄子、番茄、黄瓜、黑木耳、梨子等不同的蔬菜和水果。

二、出示不同颜色的食物，引导幼儿观察摸到的食物，了解五色食物的营养及对身体的好处

1. 提问：你们摸到了什么？它们是什么样子的？（教师引导幼儿说出五色食物的颜色、外形。）

小结：我们的神秘百宝箱里的蔬菜和水果不仅有不同的颜色、形状，还有不同的营养。

2. 提问：你们知道我们的食物共分为哪几种颜色吗？每种颜色的食物会给我们的身体带来哪些好处呢？（教师根据幼儿的回答进行小结，播放视频，进一步引导幼儿了解不同颜色食物的营养。）

小结：我们的食物大致分为五种不同的颜色，分别是黄色、红色、绿色、黑色、白色。不同颜色的食物营养不同。黄色食物可以健脾，脾是人体中最大的免疫器官，保护脾就是保护人体。红色食物可以益气补血，促进血液生成，减缓衰老，并对我们的心脏有好处。绿色食物能够保护我们的肝脏，帮助我们排毒。此外，绿色蔬菜中含有的膳食纤维还可以促进肠道蠕动，加速新陈代谢。黑色食物极具营养，可以让我们的头发变得又黑又亮，也可以消肿利尿、抗癌防癌。白色食物对肺非常好，而且一般都富含蛋白质和各种矿物质，可以使我们变得更强壮。

三、创设"我是小小营养师"情境，引导幼儿根据五色食物的营养解决身体出现的问题

引导语：这里有几个小朋友生病了，我们用学到的知识来帮帮他们吧！

用课件出示图片：

图片1：小朋友心脏不好，有点儿贫血。

图片2：小朋友身体虚弱，没有力气。

图片3：小朋友总是便秘。

小结：你非常厉害，帮助他们找到了应该多吃的食物，感谢你！五色食物看起来让人很有食欲。不同颜色的食物有不同的营养。想要有健康的身体，就应该吃多种种类的食物，不能挑食。

四、活动延伸

引导语：请你们到美工制作区画一画五色食物吧！

教学活动二　五色食物我知道（科学）

【活动目标】

1. 知道食物的五色，了解五色食物利好的五脏器官。

2. 能按五色对常见的食物进行分类，并根据五色将幼儿园的食物进行分类。

3. 激发对食物的探究兴趣。

【活动准备】

课件、记录表、五色食物的图片、幼儿园食谱。

【活动过程】

一、谈话导入，激发幼儿活动兴趣

引导语：今天，老师给小朋友们带来了好多好吃的食物的图片，请你们将这些食物分分类。

二、出示五色食物的图片，引导幼儿根据已有经验将五色食物进行分类

引导语：老师给每一组小朋友都准备了一些常见的食物，请小朋友们根据自己的经验将食物进行分类，并记录下来。

出示记录表，引导幼儿互相交流食物的分类。

提问：你们是怎样分的？

小结：小朋友根据食物的种类、味道对食物进行了分类。

三、播放课件，引导幼儿认识五色食物，了解五色食物利好的五脏器官

引导语：刚刚老师看到小朋友们根据食物的种类、味道对食物进行了分类，但是今天老师想教小朋友们一个新的分类方法。我们一起来看看吧！

1. 用课件出示图片，引导幼儿认识食物的五色。

提问：你们知道食物分为哪五种颜色吗？

小结：食物的五色是黄色、红色、绿色、黑色、白色。

2. 引导幼儿了解常见的五色食物有哪些。

提问：黄色的食物有哪些？红色的食物呢？绿色的食物呢？黑色的食物呢？白色的食物呢？

小结：食物的颜色多种多样，这里所说的五色是指黄色、红色、绿色、黑色、白色五种颜色，它们分别利好人体不同的器官。

黄色食物代表：玉米、菠萝、南瓜、香蕉、柠檬、木瓜。

红色食物代表：山楂、草莓、番茄、西瓜、樱桃。

绿色食物代表：菠菜、生菜、豌豆、芹菜、猕猴桃、芦笋、苦瓜。

黑色食物代表：黑豆、黑桑葚、葡萄、黑木耳、香菇、黑芝麻。

白色食物代表：梨、冬瓜、白菜、白萝卜、茭白、莲子。

3. 播放课件，引导幼儿了解五色食物利好的五脏器官。

提问：五色食物分别利好哪一个器官呢？

小结：黄色益脾，红色补心，绿色养肝，黑色补肾，白色润肺。

四、引导幼儿按五色将食物进行分类，巩固幼儿对五色食物的认识

1.引导幼儿动手操作，根据五色将食物进行分类。

引导语：现在请小朋友们以小组为单位，将刚刚分好类的食物重新按五色进行分类吧！

2.引导幼儿纠错，讨论交流，巩固对五色食物的认识。

五、出示幼儿园食谱，引导幼儿将食谱中的食物按五色分类

引导语：我们学习了五色食物，请你们将幼儿园食谱中的食物按五色进行分类吧！（教师引导幼儿将幼儿园食谱中的食物按五色进行分类，激发幼儿对食物的探究兴趣。）

教学活动三 五色食物营养多（语言）

【活动目标】

1.理解诗歌中五色食物好处多的内容，知道五色食物分别有什么。

2.能有节奏地朗诵诗歌，初步尝试创编诗歌。

3.萌发创编诗歌的兴趣。

【活动准备】

1.课件、诗歌图。

2.幼儿提前了解五色食物。

【活动过程】

一、谈话导入，激发幼儿兴趣

提问：五色食物分别有什么？

引导语：每一种食物都对应一种颜色，今天我们一起来学习一首诗歌《五色食物营养多》。

二、出示诗歌图，分段朗诵诗歌，引导幼儿理解诗歌中提到的五色食物的好处

1.朗诵诗歌第一部分，引导幼儿理解诗歌内容。

提问：红色食物有什么好处？诗歌中都提到了哪些食物是红色的？你还知道哪些食物是红色食物？

小结：红色食物滋心含铁多。诗歌中提到的红色食物有草莓、番茄和红萝卜。山楂、西瓜、樱桃也是红色食物。

2.朗诵诗歌第二部分,引导幼儿理解诗歌内容。

提问:黄色食物有什么好处?诗歌中都提到了哪些食物是黄色的?你还知道哪些黄色食物?白色食物呢?

小结:黄色食物益脾有能量。诗歌中提到的黄色食物有南瓜、橙子和黄豆。玉米、菠萝、香蕉也是黄色食物。白色食物润肺,富含蛋白质和钙。诗歌中提到的白色食物有牛奶、鸡蛋、鸡鸭鱼等。白菜、白萝卜、茭白也是白色食物。

3.朗诵诗歌第三部分,引导幼儿理解诗歌内容。

提问:绿色食物有什么好处?黑色食物呢?诗歌中都提到了哪些绿色食物?你还知道哪些绿色食物或者黑色食物?

小结:绿色食物养肝调状态。诗歌中提到的绿色食物有青椒、青豆和绿叶菜等。豌豆、猕猴桃也是绿色食物。黑色食物补肾能防癌。诗歌中提到的黑色食物有黑豆、黑木耳和海带等。葡萄、黑桑葚、黑芝麻也是黑色食物。

三、出示诗歌图,引导幼儿有节奏地朗诵诗歌

1.完整朗诵诗歌,引导幼儿注意诗歌的节奏。

2.完整朗诵诗歌,引导幼儿小声跟着朗诵。

提问:你们最喜欢哪一段诗歌?请一个小朋友到前面朗诵一下。

四、用课件出示其他五色食物的图片,丰富幼儿认知,引导幼儿初步创编诗歌

1.用课件出示更多的五色食物的图片,示范创编有关红色食物的诗歌。

引导语:小朋友们,你们可以用自己知道的其他食物替换老师诗歌中的食物,来创编诗歌。

2.引导幼儿讨论交流,说说自己创编的五色食物诗歌。

引导语:我们一起来朗诵小朋友们创编的诗歌吧!

五、活动延伸

将诗歌图投放到图书阅读区,引导幼儿继续朗诵诗歌。

附:诗歌

五色食物营养多

红黄白绿黑,五色食物来分类。

红色滋心含铁多,草莓番茄红萝卜。

黄色益脾有能量，南瓜橙子和黄豆。

白色润肺蛋白高，牛奶鸡蛋鸡鸭鱼。

绿色养肝调状态，青椒青豆绿叶菜。

黑色补肾能防癌，黑豆木耳大海带。

教学活动四　酸甜苦辣咸（美术）

【活动目标】

1. 了解不同食物的味道，学习绘画人物的面部表情。

2. 能根据需要用基本平滑的线条画出人物脸的轮廓。

3. 养成细心观察的习惯，激发参加美术活动的兴趣。

【活动准备】

画纸、彩笔、课件等。

【活动过程】

一、引导幼儿与同伴交流不同食物的味道，导入活动

提问：昨天你们在家吃了什么饭？它们是什么味道的？

小结：不同的食物有不同的味道，不同的味道会让小朋友们呈现出不同的表情。

二、与幼儿讨论，引导幼儿用基本平滑的线条画人物脸的轮廓

1. 与幼儿共同讨论，让幼儿了解不同的味道会让小朋友们呈现的表情。

提问：吃了酸酸的东西，你们的表情是什么样的？吃了甜甜的食物呢？请你们来表演一下。

2. 引导幼儿尝试用基本平滑的线条画人物脸的轮廓。

提问：在画人物面部表情时，需要先画什么？

小结：在画人物面部表情时，需要先画人物脸的轮廓。

三、指导幼儿大胆地画出人物的面部表情

1. 提出绘画要求，指导幼儿用绘画表现人物的面部表情。

提问：怎么表现人物的面部表情呢？

小结：人物面部表情的变化主要是通过人物的眼睛、眉毛、嘴巴的形状来表现的。

2. 鼓励幼儿用基本平滑的线条大胆地绘画品尝不同食物的面部表情。

3. 鼓励幼儿大胆地装饰自己的作品。

四、引导幼儿欣赏和评价同伴的作品

引导语：请小朋友们大胆地介绍自己的作品。

提问：你们最喜欢哪幅作品？为什么？

小结：小朋友们都完成了自己的作品，还评价了同伴的作品，真棒！

教学活动五　6 的加法（数学）

【活动目标】

1. 理解 6 的加法运算，掌握 6 以内数字相加的基本方法。

2. 能用不同的方法进行 6 的加法运算。

3. 在操作和游戏活动中体验参与活动的乐趣。

【活动准备】

课件、数字球。

【活动过程】

一、创设"碰球游戏"情境，引导幼儿复习 6 的分解、组成。

1. 引导语：小朋友们，我们一起来玩 6 的碰球游戏吧！准备好了吗？

规则：两个球的数字相加等于 6，这两个球就碰在一起。

提问：我手里的球标有数字 1，应该碰哪个球？为什么？

小结：应该碰标有数字 5 的球，因为 1 和 5 合起来是 6。

2. 依次提问幼儿 6 的几种分解、组成方式。

提问：请你们仔细观察一下，左侧的数字和右侧的数字有什么变化？

小结：左侧的数字越来越大，右侧的数字越来越小，但总数都是 6。

二、播放课件，引导幼儿学习 6 的加法

1. 用课件出示长颈鹿的图片，引导幼儿列出 6 的加法算式。

提问：小朋友们，今天我带你们去动物园玩吧！你们看，这是谁啊？

用课件出示 5 只长颈鹿的图片。

提问：开始有几只长颈鹿？又来了几只长颈鹿？一共有几只长颈鹿？应该用加法还是用减法呢？

小结：开始有 1 只长颈鹿，又来了 5 只长颈鹿，一共有 6 只长颈鹿。因为数量变多了，所以用加法。

2. 用课件出示不同的动物，引导幼儿依次列出 6 的其他加法算式。

三、引导幼儿根据题意列出相关算式，初步理解加法交换律

1. 引导幼儿根据题意列出算式 1+5=6。

引导语：我先去超市买了 1 瓶水，后来又买了 5 瓶水，请小朋友们算一算我一共买了多少瓶水。

2. 引导幼儿根据题意列出算式 5+1=6。

引导语：我先去超市买了 5 个汉堡，后来又买了 1 个汉堡，请小朋友们算一算我一共买了多少个汉堡。

3. 引导幼儿通过算式 1+5=6 和 5+1=6，理解加法交换律。

提问：在 1+5=6 和 5+1=6 这两道算式中，你们发现了什么？

小结：两道算式中的数字一样，第一道算式和第二道算式都有 1 和 5，交换加号前后两个加数的位置，得数不变，都是 6。

4. 用课件出示题目，引导幼儿依次列出算式。

四、引导幼儿复习 6 以内的加法运算

引导语：今天，我们玩了一天，也该回家了，待会儿请小朋友们每人拿一张票，到检票员处检票。答对票上的问题，检票员才能给你们盖章，你们才能上我的大巴车哟！

第三周 营养搭配我知道

主题活动内容安排表

区域或活动	活动材料及关键活动
信息 交流区	我会搭配营养餐： 活动材料：我会搭配营养餐调查表。 关键活动：引导幼儿表征、记录并主动交流自己查阅、了解到的有关食物营养搭配的知识

区域或活动	活动材料及关键活动
图书 阅读区	1. 美味的食物。 活动材料：图书《美味的食物》。 关键活动：引导幼儿根据图书中的图片，以及食物的外形特征、口感、味道等讲述图书内容。 2. 绘本阅读。 活动材料：绘本《吃了有力气的黄色食物》《食物王国的色彩精灵》《这就是二十四节气》。 关键活动：引导幼儿交流自己搭配的食物
角色 扮演区	1. 春日食疗馆。 活动材料：海鲜皮、纸筒、纸箱、橡皮泥、画纸、笔等。 关键活动：引导幼儿进行头脑风暴，想象春日食疗馆的游戏情节，自行制作游戏道具。 2. 特色小吃。 活动材料：橡皮泥、毛线、剪刀、纸盘子、图片。 关键活动：指导幼儿自己动手制作春季特色小吃
拼插 建构区	1. 小花碗。 活动材料：餐盘的实物和图片、积木。 关键活动：引导幼儿采用不同的方法拼插小花碗。 2. 营养满满的小伙伴。 活动材料：福禄贝尔玩具。 关键活动：引导幼儿自选绘本图片，运用图形组合的方式进行拼摆
益智 游戏区	平衡膳食宝塔： 活动材料：各类仿真食物。 关键活动：引导幼儿通过将各类仿真食物按照营养价值进行排序，进一步巩固对食物营养的理解
科学 发现区	自制彩虹瀑布： 活动材料：食用油、水、杯子、色素。 关键活动：引导幼儿通过实验了解色素不溶于油但溶于水的科学原理，体验科学的乐趣，增强探索的兴趣

续表

区域或活动	活动材料及关键活动
美工 制作区	1. 我设计的餐盘。 活动材料：各种餐盘的图片和实物、纸盘、马克笔、画纸、正确握笔姿势图、线描画、图案支架板。 关键活动：引导幼儿用正确的姿势握笔，按两种组合规律设计餐盘图案。 2. 春季时令食物。 活动材料：春季时令食物的图片和实物、棉棒、小木棍、泥工刀、瓶盖、太空泥。 关键活动：引导幼儿用搓、捏、揉、卷等方法制作具有不同特征的春季时令食物。 3. 我设计的午餐食谱。 活动材料：春季时令食物的图片、画纸、画笔、胶水、剪刀、卡纸、棉棒、泡沫纸、瓶盖等。 关键活动：引导幼儿创造性地设计营养齐全的午餐食谱，并运用生活材料进行装饰
音乐 表演区	超级小厨师： 活动材料：《超级小厨师》歌曲及歌曲图谱、角色头饰。 关键活动：引导幼儿学习歌曲，并与同伴自由分配角色，创造性地表演故事
教学活动	1. 春天怎么吃才健康（健康）。 2. 我会搭配营养餐（科学）。 3. 午餐食谱我来报（语言）。 4. 我来设计餐盘（美术）。 5. 学习7的组成（数学）
户外 体育活动	集体游戏：双手运双球。 分散活动：跳绳比赛、我会变
生活活动	1. 引导幼儿学习在一日生活中保持正确的体态和姿势，能够双手配合将食物残渣擦干净。 2. 鼓励幼儿在日常生活中主动做好自己的事情，并主动帮别人做力所能及的事情
环境创设	1. 布置"营养搭配我来做"主题墙，投放实物和图片。 2. 将幼儿调查表投放到班级各处。 3. 投放幼儿用多种方式表征的营养食谱

区域或活动	活动材料及关键活动
家园社区	1. 请家长周末在家引导幼儿复习食物的营养知识。 2. 请家长协助幼儿收集有关食物营养或食物搭配的绘本。 3. 请家长和幼儿共同完成调查表

教学活动一　春天怎么吃才健康（健康）

【活动目标】

1. 知道春天容易引发的身体的不适症状。

2. 能用春季时令食物解决身体出现的问题。

3. 体验顺应时令饮食对我们身体的好处。

【活动准备】

1. 课件、视频。

2. 幼儿已经有关于五色食物、时令食物的知识储备。

【活动过程】

一、谈话导入，激发幼儿的探究兴趣

提问：现在是什么季节？现在的气候和冬天相比有什么变化？

小结：现在是春天，气温逐渐升高，温差较大，空气比较干燥。春天是一个多变的季节，让我们看看春天气候变化与我们有什么关系吧！

二、播放视频，引导幼儿了解春天时身体的不适症状及其解决方法

1. 播放视频，引导幼儿了解春天对身体的影响。

提问：在春天，我们的身体都有哪些不适呢？为什么会出现这些不适呢？

小结：在春天，由于过敏等原因，可能会出现不同程度的皮肤瘙痒和红色丘疹。由于天气干燥，因此容易出现口干、上火等情况。春天是各种疾病的高发季节，万物复苏时，细菌和病毒也会异常活跃，这些细菌和病毒一旦侵入胃肠道，就会引起胃肠不适，导致腹泻、腹部疼痛，还会导致我们出现感冒症状，以及嘴唇干裂、红眼等症状。

2. 与幼儿共同讨论消除这些症状的方法。

提问：我们应该如何解决这些问题呢？

小结：对于过敏问题，我们可以通过佩戴口罩来避免。平时多喝水，做好身体的保暖工作，及时增减衣物，还要注意合理饮食。

三、播放课件，引导幼儿用春季时令食物解决身体出现的问题

1.播放课件，引导幼儿回忆已有经验，说出春季有哪些时令食物。

提问：你们知道春季都有哪些时令食物吗？它们都有什么营养呢？

小结：春季的时令蔬菜有菠菜、苔菜、荠菜等，春季时令海产品有鲅鱼、开凌梭鱼、蛤蜊等。蔬菜可以给我们补充维生素，海产品可以给我们补充蛋白质。

2.用课件出示图片，引导幼儿用时令食物解决身体出现的问题。

提问：吃什么时令食物来解决我们身体出现的问题呢？

小结：春季时令食物非常多，尤其是绿叶蔬菜。春天肝火旺盛，可以多吃绿色食物菠菜、荠菜等，以养肝护肝。为预防红眼病的发生，可以多吃芹菜、黑芝麻等。针对嘴唇干裂，可以多吃春笋芽、豆芽等补充维生素。此外，还要多吃白色食物，如面条鱼、开凌梭鱼等时令海鲜，以补充蛋白质，提高抵抗力。

四、播放视频，引导幼儿体验顺应时令饮食对我们身体的好处

播放视频《时令食物好处多》，引导幼儿进一步感知时令食物给身体带来的好处，从而使幼儿理解为什么要顺应时令饮食。

小结：时令蔬菜营养丰富，口味极佳。不同的蔬菜，由于遗传特性不同，适应在不同的季节、不同的环境生长。

五、活动延伸

将活动延伸至科学发现区，引导幼儿将身体不适症状与适合吃的时令食物相对应。

教学活动二　我会搭配营养餐（科学）

【活动目标】

1.掌握用扇形统计图记录午餐中碳水化合物、脂肪、蛋白质的比例的方法。

2.能根据营养均衡原则，科学合理地搭配一周的午餐。

3.体验自己配餐的乐趣。

【活动准备】

各类食物的图片、《营养歌》、《健康歌》、圆形餐盘卡片、画笔、一周配餐记录表。

【活动过程】

一、播放《健康歌》，导入活动

和幼儿根据《健康歌》做律动，吸引幼儿兴趣。

引导语：小小营养师，今天让我们出发去参观美食街吧！出发前我们先来热热身！

二、出示各类食物的图片，引导幼儿掌握用扇形统计图记录午餐中碳水化合物、脂肪、蛋白质的比例的方法，并将食物按主食类、蔬菜类、水果类、鱼禽肉蛋类、豆类、薯类记录在一周配餐记录表上

1. 出示各类食物的图片，引导幼儿将食物分类摆放。

引导语：小朋友们，现在我们来到了美食街，请你们将这些食物分分类吧！你们是怎么给食物分类的？

小结：有按平衡膳食宝塔分类的，有按五色食物分类的。老师这里有一种分类方法，是按碳水化合物、脂肪、蛋白质分类的。

2. 引导幼儿再次尝试按配餐营养给食物分类。

引导语：请你们检查一下你们对食物的分类是否正确。

3. 引导幼儿用扇形统计图记录食物中各类营养的比例。

引导语：小朋友们，你们知道一份营养午餐中各种营养的比例吗？请你们在圆形餐盘卡片上记录下来吧！

小结：一份营养午餐中碳水化合物、脂肪、蛋白质的比是 2：1：1，也就是将圆形餐盘卡片分成 4 份，碳水化合物占 2 份，脂肪占 1 份，蛋白质占 1 份。

三、引导幼儿根据营养均衡原则，选择时令食物科学合理地搭配一周的午餐

1. 引导幼儿分小组讨论，复习营养均衡的配餐原则。

提问：你们是怎么配餐的？需要按照什么原则呢？

小结：在配餐时，每一类食物都要有，要讲究营养均衡原则。

引导幼儿分小组讨论本组配餐结果，并推选出配餐比较合理的一名幼儿与其他小组分享交流。

2. 出示幼儿配餐图，引导幼儿了解合理配餐的知识。

小结：要吃得健康，每一餐中每一类食物都要吃，但吃得太多或太少都不行，要按比例来吃。

3. 在幼儿了解应合理搭配食物后，请幼儿在小组内交流，说一说自己的配餐中哪些地方不合理，需要调整。

四、活动延伸

1. 播放《营养歌》，请幼儿将重新配好的午餐填写在一周配餐记录表上。

2. 引导配好餐的幼儿将一周配餐记录表送到配餐间，请厨师做出营养美味的午餐。

教学活动三 午餐食谱我来报（语言）

【活动目标】

1. 学会用儿歌的形式播报午餐。

2. 能将当天的午餐食谱创编成朗朗上口的儿歌。

3. 体验创编儿歌播报午餐的乐趣。

【活动准备】

课件、午餐食谱。

【活动过程】

一、谈话交流，激发幼儿活动兴趣

提问：小朋友们，你们播报过午餐吗？需要播报什么信息呢？

小结：每个小朋友都当过午餐播报员。播报午餐时，要播报午餐的菜名。

二、出示午餐食谱，引导幼儿学习用儿歌的形式播报午餐

1. 出示午餐食谱（双丁枸杞粥、坚果馒头、青菜炒菌菇、香焖豆腐），引导幼儿播报午餐。

2. 小结提升，用儿歌的形式播报午餐。

引导语：今天，老师给小朋友们带来了一个不一样的午餐播报形式，一起来听一下吧！

午餐食谱我来报，搭配就为你需要。

双丁枸杞营养高，坚果馒头能健脑。

青菜菌菇搭配妙，香焖豆腐好味道。

3. 引导幼儿讨论交流，感知用儿歌播报午餐的形式。

提问：老师播报午餐的形式和小朋友播报午餐的形式有什么不同呢？

小结：老师是用儿歌播报午餐的，朗朗上口，而且菜名和营养也表达得非常清楚。

三、引导幼儿分工合作，尝试用儿歌播报午餐

1.再次用儿歌播报午餐，帮助幼儿掌握用儿歌播报午餐的句式。

提问：用儿歌播报午餐有什么特点呢？

小结：用儿歌播报午餐时，要说明菜名和营养，"午餐食谱我来报，搭配就为你需要"，用四字名称三字好处的句式进行播报。

2.引导幼儿看午餐食谱，分小组创编当天的午餐播报儿歌。

引导语：今天请小朋友们根据午餐食谱，创编儿歌来进行午餐播报吧！午餐一共有四种菜，小朋友们分成四个小组，每个小组一个菜，创编一句儿歌。

四、引导幼儿分享交流，体验创编儿歌播报午餐的乐趣

1.引导幼儿将创编好的儿歌分享给其他小朋友。

2.引导幼儿共同播报当天的午餐。

教学活动四　我来设计餐盘（美术）

【活动目标】

1.学习运用变化的线条、几何图案表征餐盘。

2.能按两种规律组合图案设计餐盘，并能正确握笔且坐姿端正地进行绘画。

3.感受用线描画设计餐盘的乐趣。

【活动准备】

1.漂亮餐盘的图片、正确握笔姿势图、正确坐姿图、餐盘线描画图例、纸、空白餐盘。

2.幼儿已有营养搭配的知识，教师示范了两种线描画的组合规律。

【活动过程】

一、创设"盘子博览会"情境，导入活动

引导语：小朋友们，盘子博览会上有各种各样漂亮的餐盘，让我们一起来看一下吧！

提问：这些餐盘美在哪里？这些餐盘的图案是由什么组成的？

小结：每一个餐盘的图案都是由各种各样的线条和几何图案排列组成的，有波浪线、锯齿线、螺旋线等线条，还有菱形、梯形等图形。

二、出示餐盘线描画图例，引导幼儿学习线描画的不同组合规律，并设计图形

1.出示漂亮餐盘的图片，引导幼儿观察，学习线描画的不同组合规律。

提问：刚才我们一起观察了漂亮的餐盘，请你们再仔细观察一下这些餐盘的线条和图案的排列情况。

小结：这些餐盘的线条和图案的排列都是有规律的，每一个餐盘都至少含有两种不同的排列规律，如两条波浪线一条斜线、三条锯齿线一条螺旋线等。

2.示范排列规律，请幼儿在纸上自主探索线描画的规律。

引导语：请交流讨论自己设计的线描画的规律。

三、引导幼儿按两种不同的规律组合线条或图形，自主设计餐盘，并掌握正确的握笔姿势和坐姿

引导语：老师给小朋友们带来了很多空白的餐盘，现在请小朋友们化身小小设计师，自主设计餐盘。

1.出示正确握笔姿势图和正确坐姿图，引导幼儿在创作时保持握笔姿势正确、坐姿端正。

2.作画要求：

（1）自由组合波浪线、锯齿线、螺旋线等线条与菱形、梯形等图形，每幅作品至少要用两种规律组合线条或图形，注意色彩要协调。

（2）合理想象，创作出不同食物的不同形态，并添加边框丰富画面。

（3）创作完成后，选择生活材料用剪、贴、画等形式进行装饰。

四、引导幼儿分享交流自己的作品，体验设计的乐趣

1.请个别幼儿讲出自己作品的主要内容。

2.引导幼儿欣赏、评价同伴的作品，学习同伴设计的方法。

教学活动五 学习 7 的组成（数学）

【活动目标】

1.学习 7 的组成，掌握 7 的 6 种分合式。

2.能根据 7 的组成，理解数的互换和互补规律。

3.感受数学活动的乐趣。

【活动准备】

小猴卡片 7 张，1～7 的数字卡片，教师自制的 7 以内数的分合题卡。

【活动过程】

一、设置游戏情境，引导幼儿复习 6 以内数的组成

1. 扮演美猴王，邀请幼儿上花果山，激发幼儿活动兴趣。

2. 带领幼儿玩拍手的游戏：美猴王先拍手，次数为 2～6 次；幼儿两人一组，分别拍手，两个幼儿拍手的次数合起来是美猴王拍手的次数。拍对的幼儿可以进入花果山。

二、出示小猴卡片，请幼儿自由探索 7 的分合方法，帮助 7 只小猴进入花果山

1. 美猴王变出了 7 只小猴，请幼儿点数，提醒幼儿观察 7 只小猴的特点。

引导语：这 7 只小猴要分成两组上花果山，请你们仔细观察这 7 只小猴有什么特点。

2. 请幼儿根据自己观察到的 7 只小猴的不同之处将 7 只小猴分成两组。

3. 请幼儿演示自己的分组方法并说明理由。

提问：你们把这 7 只小猴分成了哪两组？为什么要这样分？

小结：7 只小猴可以分成 1 只和 6 只，2 只和 5 只，3 只和 4 只，4 只和 3 只，5 只和 2 只，6 只和 1 只。

4. 请幼儿再次操作小猴卡片将小猴分组，同时用数字卡片摆出相应的 7 的分合式。

小结：原来 7 只小猴可以有 6 种分法。

三、引导幼儿运用 7 的组成、数的互换和互补规律探索 7 的所有分合式

1. 摆出部分 7 的分合式，请幼儿根据互换规律摆出 7 的其他分合式。例如：摆出 7 可以分成 6 和 1，幼儿就要摆出 7 可以分成 1 和 6，直到把所有分合式都摆出来。

2. 请幼儿对比观察所有 7 的分合式，进一步理解互换规律。

3. 将 7 的所有分合式按顺序摆出，引导幼儿发现数的互补规律。

4. 引导幼儿运用数的互换、互补规律，用数字卡片摆出 7 的所有分合式。

四、组织幼儿玩游戏，帮助幼儿进一步巩固 7 的组成的知识

1. 与幼儿一起玩凑齐数字 7 的游戏，如举起数字 4 的卡片说"我变 4"，引导幼儿举起数字 3 的卡片说"我变 3"。

2. 根据幼儿的掌握情况进行集体或个别指导。

主题二　开心农庄

▌主题价值

《开心农庄》主题包括《开荒小能手》《播种忙呀忙》《农庄品尝会》三个次主题，以"种植"为关键词，通过探究土地开垦方法、农作物种植方法、食物的多种吃法等提升幼儿对种植活动的兴趣，引导幼儿感受农民耕种的辛苦，体验劳动的快乐。

教育家陈鹤琴指出：幼儿园活动要以大自然、大社会为活教材。幼儿园种植活动是幼儿接触自然、感受自然变化最直接、最有效的途径，它不仅能激发幼儿探索周围物质世界和学科学的兴趣，还能挖掘贴近幼儿生活的课程资源，让幼儿体验劳动，观察植物的生长过程、生长规律，获得有关周围物质世界及其关系的科学经验。本主题，我们根据大班幼儿的年龄特点和已有经验，综合家庭、社区资源，通过一系列观察、探究、表征、操作等活动，引导幼儿亲身体验开垦土地、打垄施肥、播种灌溉等农耕活动，鼓励幼儿在探索中发现问题，在发现中获取信息，在获取中分享快乐，体验劳动的辛苦和成功的喜悦。

▌主题目标

1. 知道营养均衡对身体的重要性，能积极参加体育锻炼，提高钻、爬、跑、跳的灵敏度。

2. 能大胆地提出与种植活动相关的问题，发表不同的意见；能通过多种方式表达、交流、分享种植活动中的乐趣。

3. 有一定的责任感，能主动关心、保护植物，懂得农民伯伯的辛苦，学会珍惜粮食和蔬菜。

4. 能运用手工制作、绘画等方式装饰农场的篱笆，制作种植记录表；能通过表演、歌唱等形式表达自己对农民伯伯的感恩之情。

5. 能与同伴合作进行探究，敏锐地察觉植物的生长和变化情况，积极尝试运用多种方法发现问题，解决问题。

第一周　开荒小能手

主题活动内容安排表

区域或活动	活动材料及关键活动
信息 交流区	农耕的秘密： 活动材料：农耕步骤的图片及农作物生长过程的图片。 关键活动：引导幼儿观察交流，了解食物来之不易
图书 阅读区	一园青菜成了精： 活动材料：绘本《一园青菜成了精》。 关键活动：引导幼儿根据绘本内容，通过动作、表情、神态等猜测故事情节的发展
角色 扮演区	农家小院趣事多： 活动材料：各种自制蔬菜和水果玩具、小水桶、塑料铲子、果篮等。 关键活动：引导幼儿为农作物浇水、施肥、捉虫，并进行采摘，体验农忙的辛苦以及丰收的快乐
拼插 建构区	农作物展览馆： 活动材料：绘本《外公的菜园子》、各种农场的图片、木质积木、奶粉桶、饮料罐、纸盒等。 关键活动：引导幼儿自主选择搭建材料，用平铺、垒高、架空、围合的方法搭建农作物展览馆
益智 游戏区	开荒工具多： 活动材料：积木、小石子、纽扣、果壳等。 关键活动：引导幼儿运用长短不同的几何图形积木、小石子、纽扣、果壳等创造性地表现开荒用到的工具
科学 发现区	农作物生长记： 活动材料：各种种植用的器具、泥土、农作物种子、生长记录表。 关键活动：引导幼儿种植玉米、花生等，观察、记录自己种植的农作物的生长情况，如叶子的数量、大小，以及植株的粗细、高矮等

区域或活动	活动材料及关键活动
美工 制作区	1. 豆子粘贴画。 活动材料：卡纸、白乳胶、双面胶、马克笔、各种豆子、各种豆子粘贴画的图片、植物生长的图片、绘本《一颗小豆子》。 关键活动：引导幼儿自主选择绘本图片，大胆观察，并运用已有材料采用先画后粘的方式进行创作。 2. 开荒我知道。 活动材料：太空泥、泥工板、塑料工具、开荒步骤的图片。 关键活动：引导幼儿认真观察开荒步骤的图片，运用揉、捏、团、粘等方法制作各种各样的开荒工具，了解开荒步骤
音乐 表演区	歌曲表演： 活动材料：《玉米和矮人》歌曲及歌曲图谱、碰铃、摇铃、沙锤、三角铁、木鱼、响板。 关键活动：引导幼儿与同伴合作进行歌曲表演，感受与同伴合作演奏的乐趣
教学活动	1. 一起来翻地（综合）。 2. 打垄施肥去（综合）。 3. 制作小标志（美术）。 4. 开心农庄挂牌仪式（综合）。 5. 中国拉面馆（音乐）
户外 体育活动	集体游戏：炒豆子。 分散活动：学做解放军、连体人
生活活动	1. 引导幼儿了解开荒的基本知识。 2. 开展合作开荒活动，引导幼儿感受合作完成事情会更迅速。 3. 使幼儿知道劳动出汗时，要及时擦汗和补充水分
环境创设	布置"开荒小能手"主题墙： 1. 投放幼儿表征的开荒前的准备以及开荒需要的工具。 2. 投放幼儿绘画记录的施肥、打垄过程。 3. 投放幼儿的美工作品
家园社区	1. 请家长多与幼儿交流有关打垄、翻地的知识。 2. 请家长和幼儿一起了解肥料的制作方法和培育芽苗的方法。 3. 请家长协助幼儿准备翻地所需的工具

教学活动一　一起来翻地（综合）

【活动目标】

1. 知道春天是万物生长、适合播种的季节，了解农耕工具及其使用方法。

2. 掌握松土、除草的技巧和方法，并进行实践。

3. 体验农耕的乐趣，感受农民伯伯种植的辛苦。

【活动准备】

1. 春天的图片、农耕的图片、农耕工具的图片、课件。

2. 锄头、铁锹、耙子等常用工具。

3. 幼儿提前认识农耕工具及其用途。

【活动过程】

一、出示春天的图片，引导幼儿知道春天是万物生长的季节。

提问：这是什么季节？从哪儿可以看出来？（教师引导幼儿结合日常观察说说春天的特征。）

小结：春天是个温暖的季节，土地化冻了，万物复苏了。

二、出示农耕的图片，引导幼儿知道春天是个播种的季节

1. 引导幼儿观察图片，了解播种。

提问：农民伯伯在干什么？

小结：农民伯伯在播种。

2. 引导幼儿了解播种前的准备工作。

提问：你们知道播种前需要做哪些准备工作吗？

小结：先翻地，让土地变软，这样有利于种子生长。

三、出示常见的农耕工具的图片，引导幼儿掌握松土的技巧和方法

1. 引导幼儿认识翻地工具。

提问：农民伯伯翻地时会用到哪些工具呢？

小结：锄头、铁锹、耙子等。

2. 出示常见的农耕工具的图片，并进行讲解：

锄头可以用于松土、除草、间苗。

铁锹可以用于在菜园和小块田地挖地翻土。

耙子有钉齿耙和圆盘耙两种，是用于碎土、平地和除草的整地工具。

3.播放课件，引导幼儿学习翻地的方法。

小结：在翻地前，地里有杂草的要先进行除草。除完草后用锄头翻一下地，不用翻很深，一般一锄头深就行，一直向前翻，后面一锄盖住前面一锄。翻完后整地，即用锄头尖把翻好的土铲碎，使土变松软。

4.利用种植园地，分批带领幼儿进行翻地活动。

讲解翻地时的注意事项：安全使用工具，不能拿着工具打闹或对准其他小朋友。翻起来的土轻轻地放在一边，不要弄到别人或者自己身上。

四、引导幼儿分享交流，提升认识

引导语：农民伯伯种植粮食很辛苦，没有农民伯伯辛苦的付出就不会有我们吃的粮食、蔬菜和水果，所以我们要珍惜粮食，中午取餐的时候，吃多少就取多少。

教学活动二　打垄施肥去（综合）

【活动目标】

1.知道打垄和施肥对植物生长的重要性，了解肥料的特性以及储藏和使用时的注意事项。

2.掌握打垄的方法并尝试给土地施肥，在施肥过程中能把握肥料的用量。

3.喜爱种植活动，乐于亲近自然。

【活动准备】

1.课件、打垄的视频。

2.打垄用到的工具、肥料。

3.幼儿提前了解打垄的方法以及肥料的特性。

【活动过程】

一、用课件出示打垄土地和没打垄土地的图片，引入活动

提问：这两张图片上的土地有什么不一样？

小结：看上去一条一条的土地，是打垄的土地。这样下雨时雨水就不会把菜地给淹了，还可以保住肥料。

二、播放打垄的视频，引导幼儿探索打垄的方法

提问：视频中的人是怎么打垄的？

小结：先拉好直线，这样打出来的地垄整齐、均匀。一定要沿线将垄打直，否则种植作物后也会不直，影响作物吸收水分。打垄时，用耙子把土耙到直线上，再用锄头压实。

三、用课件出示肥料的图片，引导幼儿了解施肥的重要性

1.用课件出示肥料的图片，引导幼儿了解不同的肥料。

提问：今天老师带来了蔬菜需要的肥料。它们是什么样的？

小结：这些肥料都是加工过的。它们的名字分别是氮肥、磷肥、钾肥，它们是植物需求量较大的三种肥料。

2.出示课件，引导幼儿了解施肥的重要性。

提问：为什么要施肥？施肥对农作物有什么帮助吗？肥料要施在哪里呢？

小结：开始种植时，就需要有个良好的土地基础，这时施的肥叫基肥。在植物生长时，再次对泥土进行施肥叫追肥。肥料可以施到植物的根部，也可以撒在植物的茎叶上，施到植物根部的肥料叫土壤用肥，撒在植物茎叶上的肥料叫叶面用肥。

四、用课件出示问题，引导幼儿了解肥料的存储方法

用课件出示问题，请幼儿回答。

问题一：肥料能不能放在潮湿的地方？

问题二：肥料能不能暴露在空气中？

问题三：肥料能不能晒太阳？

问题四：肥料能不能混在一起存放？

问题五：肥料能不能和吃的东西一起存放？

小结：肥料在存储时要注意防受潮、防挥发、防受热、防混放，更要防止乱用、误用。

五、引导幼儿自主实践，为土地施肥

注意事项：正确、安全地使用工具，不要将泥土弄到身上，保持衣服整洁。

教学活动三　制作小标志（美术）

【活动目标】

1.知道生活中标志的含义和标志能为我们的生活带来方便。

2.能运用绘画、粘贴、剪贴等方法与同伴合作完成标志牌。

3.感受美术活动的乐趣。

【活动准备】

记录表、剪刀、透明胶、水彩笔、铅画纸、蜡笔；各种废旧材料，如硬纸板、泡沫板、绳子、纸棒、筷子；装有沙子的各种盒子。

【活动过程】

一、引导幼儿介绍自己收集的各类标志，知道标志能给我们的生活带来方便

提问：前一段时间，小朋友们收集了各种各样的标志，现在谁愿意说一说自己收集了什么标志？都是什么类型的标志？

小结：刚才小朋友们介绍了自己收集的标志，有禁止的，有警告的，有提示的，这么多标志为我们的生活带来了很多方便。

引导语：我们的幼儿园很漂亮，小朋友们天天在这里学本领。前几天我们一起整理了幼儿园的菜地，它也需要标志牌。

二、引导幼儿为小菜地设计标志牌

1. 引导幼儿讨论交流，了解标志牌的组成。

提问：给菜地设计标志牌时，标志牌上面需要写什么？

小结：我们班级的名称，种植的蔬菜的名称。

2. 引导幼儿分组讨论，大胆设计标志牌。

提问：你们想怎么设计标志牌？你们想用哪些材料进行装饰？

三、引导幼儿合作完成标志牌

鼓励幼儿运用记录表、剪刀、透明胶、水彩笔、铅画纸、蜡笔，以及各种废旧材料，与同伴分工合作制作标志牌，遇到困难积极想办法解决。此外，制作过程中还要注意保持桌面整洁。

四、指导幼儿张贴标志牌，分享交流，感受美术活动的乐趣

提问：标志牌应该放在哪里呢？为菜地制作了标志牌，你们有什么感受？

引导语：请你们将制作的标志牌放在装有沙子的盒子里。

教学活动四　开心农庄挂牌仪式（综合）

【活动目标】

1. 了解挂牌仪式的流程以及含义。

2. 能与同伴合作将标志牌放在合适的位置。

3. 体验活动的乐趣。

【活动准备】

标志牌。

【活动过程】

一、引导幼儿大胆介绍班级种植的农作物，感受参与劳动的自豪感

请一位幼儿代表发言，鼓励幼儿介绍班级种植的农作物。

提问：你们班级都种植了哪些农作物？种植后需要注意什么？

小结：农作物生长过程中需要移植、拔草、浇水、除虫等多个环节。小朋友们作为农作物的守护者，一定要多观察，细心照料农作物。只有这样，农作物才会生长得更好。

二、引导幼儿介绍自己设计的标志牌的含义，研究标志牌的摆放位置

1. 引导幼儿介绍自己设计的标志牌的含义。

2. 引导幼儿研究标志牌的摆放位置。

提问：标志牌可以放在哪里？为什么要放在这个位置？

小结：在选择标志牌的摆放位置时，注意不要阻挡农作物生长。

三、引导幼儿讨论挂牌时的注意事项，体验挂牌的乐趣

1. 引导幼儿讨论挂牌时的注意事项。

提问：挂牌时要注意什么？可以怎么做？

小结：挂牌时要注意标志牌的稳定性，我们可以用麻绳、石块等材料将标志牌固定，防止标志牌倾倒。

2. 鼓励幼儿合作挂牌，体验挂牌的乐趣。

四、开展"我与标志牌合个影"活动，鼓励幼儿参观各班种植园地，了解更多与农作物相关的知识

引导幼儿交流分享，然后合影留念，通过挂牌仪式培养幼儿的责任感和使命感。

教学活动五　中国拉面馆（音乐）

【活动目标】

1. 感受音乐欢快、热烈的风格特点，了解制作拉面的步骤。

2. 能跟随音乐合拍地做出揉面、切面、拉面、煮面的动作，结合故事情境创造性地表现拉面场面，尝试合作创作不同口味的拉面。

3. 喜欢参与音乐活动，乐于运用肢体动作表现音乐内容。

【活动准备】

音乐《康康舞曲》、课件、厨师帽、围裙。

【活动过程】

一、故事情境导入，激发幼儿兴趣

引导语：我是面馆的张师傅，我的拉面馆今天开业了，但是厨师还不够，现在我要招收一些小徒弟，教他们成为拉面小师傅。

二、引导幼儿感受音乐片段，模仿揉面动作

1. 出示课件，引导幼儿观察图片，模仿揉面动作。

提问：图片上的人在做什么？

小结：小手伸出来试一试。有的小朋友揉面团的力度和节奏很棒，我们来学学，揉面 / 揉面 / 揉面 / 团。（教师引导幼儿有节奏地揉面。）

2. 引导幼儿跟随《康康舞曲》A 段音乐练习揉面动作，适时提醒幼儿注意节拍，请个别幼儿上台做示范。

三、引导幼儿随乐而动，创编拉面动作

1. 用课件出示切面、拉面的图片，引导幼儿观察图片，模仿切面、拉面的动作。

引导语：恭喜你们顺利通过第一关揉面挑战。请认真观察两张图片。他们在做什么呢？可以模仿一下吗？

2. 引导幼儿创编各种拉面的动作，请个别幼儿上台展示。

3. 引导幼儿跟随《康康舞曲》B 段音乐练习切面、拉面的动作。

四、引导幼儿合作设计拉面造型，制作美味的拉面

1. 引导幼儿跟随《康康舞曲》C 段音乐学习煮面本领。

引导语：面条已经准备好了，下一步要怎么做呢？请你们认真观察煮面的动作。（教师请个别幼儿展示，其他幼儿模仿学习。）

2. 用课件出示不同口味的拉面的图片，引导幼儿合作设计不同口味的拉面的造型。

引导语：我们拉面馆有不同口味的拉面，来看看都有什么吧！（用课件出示鸡蛋、牛肉、鸡肉、鱼肉等不同口味的拉面的图片。）请你们两人一组，合作做出不同口味的拉面。比如，要做牛肉拉面，就可以摆出小牛的造型。

3. 引导幼儿参考拉面秘籍回忆制作拉面的全过程。

引导语：恭喜你们已经顺利闯过三关，还记得我们制作拉面的步骤吗？这就是我们的拉面秘籍。（教师用课件出示制作拉面的完整步骤图。）

五、引导幼儿变身拉面小师傅，处理外卖订单

1. 为优秀的学徒颁发厨师帽，恭喜学徒成为拉面小师傅。

2. 幼儿接到外卖订单，制作美味的拉面。

引导语：叮叮叮，已为您接到来自×××的拉面订单，请尽快处理。这是我们开业后的第一个订单，要做得好吃才行呢！拉面小师傅，赶紧行动起来吧！（教师播放完整的音乐。）好香啊，相信顾客一定会非常满意的！时间不早了，我们得抓紧时间打包去送外卖了，拜拜！

第二周　播种忙呀忙

主题活动内容安排表

区域或活动	活动材料及关键活动
信息 交流区	我知道的根茎类植物： 活动材料：根茎类植物种植的图片。 关键活动：引导幼儿观察交流，尝试对根茎类植物进行分类
图书 阅读区	种子如此酣睡： 活动材料：绘本《种子如此酣睡》中的图片。 关键活动：引导幼儿探索、了解种子生长的相关知识，并大胆创编故事
角色 扮演区	生姜养生茶馆： 活动材料：生姜、柠檬、红枣、玫瑰、桂圆等各种材料。 关键活动：①引导幼儿制作生姜养生茶，了解生姜的价值和功效；②鼓励幼儿发挥主人翁意识，大胆招揽顾客，感受角色扮演的乐趣
拼插 建构区	开心农场： 活动材料：绘本《农场小百科》、各种农场的图片、易拉罐、奶粉桶、阿基米德积木、纸盒等。 关键活动：引导幼儿自主选择搭建材料，运用围封、垒高、组合、连接等方式创造性地设计和搭建开心农场

区域或活动	活动材料及关键活动
益智 游戏区	萝卜逃跑啦： 活动材料：A3 画纸、水粉颜料、水粉笔、福禄贝尔玩具、绘本《萝卜逃跑啦》。 关键活动：引导幼儿自主选择材料，参照绘本中的图片大胆进行创作
科学 发现区	根茎类植物种植： 活动材料：各种种植用的器具，泥土，土豆、洋葱、山药等实物，生长记录表，各种根茎类植物种植的图片。 关键活动：引导幼儿种植土豆、洋葱、山药等，观察、记录自己种植的植物的生长情况，如叶子的数量、大小，以及植株的粗细、高矮等
美工 制作区	1. 烤红薯。 活动材料：太空泥、卡纸、颜料、画刷、白色荧光笔、棉花、烤红薯的图片。 关键活动：引导幼儿用捻、捏的方法，用太空泥在卡纸上做出红薯的形状，并进行装饰，突出烤红薯的主要特征。 2. 生长的土豆。 活动材料：土豆、卡纸、水粉颜料、画刷、彩笔、各种蔬菜的拓印图片。 关键活动：引导幼儿用不同切面的土豆进行拓印，并根据自己的想象进行添画
音乐 表演区	土豆一家： 活动材料：《土豆一家》歌曲，自制的大纸盘、大勺子。 关键活动：引导幼儿根据歌曲内容，大胆创编动作表演歌曲，表现出土豆块、土豆片、土豆丝、土豆丁等不同的样子
教学活动	1. 种生姜（综合）。 2. 我的种植记录（美术）。 3. 照顾生姜（综合）。 4. 悯农（语言）。 5. 我们班的生姜（综合）
户外 体育活动	集体游戏：种萝卜。 分散活动：建筑工地忙又忙、我的本领

续表

区域或活动	活动材料及关键活动
生活活动	1. 引导幼儿了解根茎类植物种植的基本知识。 2. 开展合作照顾根茎类植物的活动，引导幼儿感受合作完成事情会更迅速。 3. 使幼儿知道出汗时，要及时擦汗和补充水分
环境创设	布置"播种忙呀忙"主题墙： 1. 投放幼儿表征的根茎类植物的种植步骤及用根茎类植物制作的食物的图片。 2. 投放幼儿自主收集的根茎类植物。 3. 投放幼儿制作的美工作品
家园社区	1. 请家长与幼儿交流有关根茎类植物种植的知识。 2. 请家长和幼儿提前了解生姜的种植方法，体会劳作的艰辛。 3. 请家长协助幼儿准备种植所需的工具

教学活动一　种生姜（综合）

【活动目标】

1. 了解适合生姜生长的环境以及生姜种植的方法，知道生姜在生长过程中要求有中等强度的光照。

2. 能和同伴交流自己的发现，并与同伴合作制定照顾生姜的公约，为生姜的生长创设良好的条件。

3. 萌发种植的兴趣和好奇心，激发责任感。

【活动准备】

生姜种植视频、幼儿种好的植物、喷壶、水彩笔、画纸。

【活动过程】

一、播放生姜种植视频，引导幼儿了解生姜的生长环境以及种植方法

1. 播放生姜种植视频，引导幼儿发现生姜在不同生长环境下的长势。

提问：视频中的生姜喜欢什么样的生长环境？两组生姜的长势相同吗？为什么呢？

小结：生姜喜欢温暖、光照不强的环境。光照强的一组生姜长势较弱，所以生姜耐强光的能力比较差。

2.引导幼儿了解生姜的种植方法。

提问：视频中的农民伯伯是怎么种植生姜的？

小结：农民伯伯种植生姜的方法不同导致生姜生长情况不同，种植太深、土太硬都不适合生姜发芽，覆土时能将生姜完全盖住就可以。

3.引导幼儿为生姜创设良好的生长条件。

提问：你们计划如何种植你们的生姜？

小结：首先要给生姜找一个适合生长的地方。

二、引导幼儿分组合作，制定照顾生姜的公约

引导幼儿自由讨论交流，并分工合作制定照顾生姜的公约。

教学活动二　我的种植记录（美术）

【活动目标】

1.知道种植记录表包括的内容，学习设计种植记录表。

2.能独立设计并制作种植记录表。

3.体验设计和制作的乐趣。

【活动准备】

各色水彩笔或蜡笔、马克笔、剪刀、胶水、种植记录表范例。

【活动过程】

一、引导幼儿明确种植记录表的内容

1.与幼儿谈话，激发幼儿兴趣。

提问：我们的生姜宝宝已经入住土壤了，接下来的日子它们会发生哪些变化呢？请你们想一个好办法，把它们生长过程中的趣事记录下来。

小结：我们可以通过拍视频、画画、制作种植记录表等方法记录生姜的生长过程。

2.引导幼儿交流讨论，明确种植记录表的内容。

提问：一个完整的种植记录表包括哪些内容呢？

小结：种植记录表的内容包括时间、种植人姓名、天气、为植物做了哪些事情、植物的长势等内容。

二、引导幼儿设计、制作种植记录表

1.引导幼儿欣赏种植记录表范例，了解种植记录表的设计方法。

提问：这个种植记录表美吗？美在什么地方？

小结：种植记录表颜色丰富，图案很有特色。

提问：你们想怎么设计你们的种植记录表？

小结：可以画上生姜宝宝的画像，也可以用不同的颜色来装饰种植记录表。

2. 引导幼儿设计、制作种植记录表。

三、引导幼儿分享自己的作品，体验设计和制作的乐趣

1. 请幼儿介绍自己设计和制作的种植记录表，体验设计和制作的乐趣。

2. 引导幼儿学会欣赏和赞美他人的种植记录表。

教学活动三　照顾生姜（综合）

【活动目标】

1. 了解适合生姜生长的环境，知道照顾生姜的具体方法。

2. 能和同伴交流生姜的生长情况并合作照顾生姜，及时记录自己照顾生姜的方法。

3. 增强责任心，体验与同伴合作的乐趣。

【活动准备】

照顾生姜的视频、铁锹、喷壶、锄头。

【活动过程】

一、播放照顾生姜的视频，引导幼儿了解照顾生姜的方法

1. 引导幼儿回顾生姜在不同生长环境下的长势。

提问：生姜喜欢什么样的生长环境？

小结：生姜喜欢温暖、光照不强的环境。

2. 播放照顾生姜的视频，引导幼儿掌握照顾生姜的正确方法。

提问：视频中的农民伯伯是怎么照顾生姜的？

小结：农民伯伯搭建了一个塑料大棚，为生姜提供了一个温暖的环境，还及时为生姜锄去了杂草。

3. 引导幼儿交流自己是如何照顾生姜的。

提问：你们是如何保证土壤湿度合适的？

小结：每次浇水时要考虑土壤的缺水程度，为生姜浇适量的水。

二、引导幼儿分享交流，培养幼儿的责任感

引导幼儿采用不同的方式表征照顾生姜的公约，鼓励幼儿坚持照顾自己组的生姜并做好记录，培养幼儿的责任感。

教学活动四　悯农（语言）

【活动目标】

1. 知道古诗《悯农》的含义，理解古诗的大意和古诗表达的情感。

2. 能流畅地朗读诗歌，理解古诗中"辛苦"一词的含义，并能用语言表达出来。

3. 懂得粮食是农民伯伯用汗水换来的，来之不易，要爱惜粮食。

【活动准备】

古诗《悯农》的图片及视频、小朋友吃饭的图片、儿歌。

【活动过程】

一、朗读儿歌，引出主题

提问：儿歌中的大馒头是从哪里来的？白白的面粉从哪里来？黄黄的小麦从哪里来？

小结：大馒头是白白的面粉做出来的，面粉是黄黄的小麦磨出来的，小麦是农民伯伯种出来的，农民伯伯十分辛苦。

二、朗诵古诗，引导幼儿理解古诗的含义

1. 朗诵古诗，引导幼儿注意古诗的韵律、节奏及重读字词。

提问：你们知道这首诗应该怎么读吗？

小结："日""午""土""餐""粒粒""辛苦"这些字词应该重读。

2. 出示古诗图片，引导幼儿理解古诗大意。

提问：你们能看着图片说一说古诗中每句话的意思吗？

小结："锄禾日当午"，"锄"指锄草，"禾"指庄稼，"日当午"指到了中午，太阳正当头照。中午太阳当头照的时候，农民在地里松土、锄草。"汗滴禾下土"，农民的汗水一滴滴都滴在禾苗下面的土里，形容农民劳动很辛苦。"谁知盘中餐，粒粒皆辛苦"，"盘"指碗，"餐"指粮食，"皆"是都的意思。有谁知道碗里的饭一粒粒都是农民辛苦劳动得来的呢？

3. 出示古诗图片，朗诵古诗，让幼儿跟读，引导幼儿流畅地朗诵诗歌。

小结：这整首古诗的意思是，当太阳最热的时候，农民伯伯还在田里锄草，汗水一滴滴掉到土里。可是有谁知道我们碗里的饭都是农民伯伯辛苦劳动出来的呢？

三、引导幼儿朗诵诗歌，理解"辛苦"一词的含义

1. 播放古诗视频，引导幼儿朗诵诗歌，理解"辛苦"一词的含义。

提问：古诗里有个词语"辛苦"，你们知道它是什么意思吗？

小结："辛苦"是很累、很忙的意思。

2. 出示古诗图片，引导幼儿朗诵诗歌，体谅爸爸妈妈、爷爷奶奶的辛苦，珍惜粮食。

提问：除了农民伯伯和保育老师辛苦之外，在你们身边还有谁也很辛苦呢？

小结：爸爸上班很辛苦，妈妈做饭很辛苦，爷爷奶奶送我们上幼儿园很辛苦。

3. 引导幼儿分组朗诵诗歌，懂得粮食来之不易，要爱惜粮食。

提问：我们应该怎么珍惜粮食呀？

小结：要从小爱惜粮食，尊重别人的劳动成果。

教学活动五　我们班的生姜（综合）

【活动目标】

1. 了解接待的基本礼仪，知道接待参观客人时要介绍的内容。

2. 能和同伴交流自己班级种植生姜的趣事，并和同伴合作接待其他班级来参观的小朋友。

3. 体验服务他人的乐趣，愿意与他人合作。

【活动准备】

接待礼仪的视频、麦克风、笔、本子。

【活动过程】

一、播放接待礼仪的视频，引导幼儿了解接待的基本礼仪

1. 引导幼儿讨论交流接待的基本礼仪。

提问：你们知道怎样有礼貌地接待参观的客人吗？

小结：面带微笑，说话要有礼貌。

2. 播放接待礼仪的视频，引导幼儿了解接待的具体内容。

提问：视频中的礼仪小姐是怎样接待参观客人的？

小结：她们分成不同的小组，一个小组负责在门口指示方向，一个小组负责带领客人进入参观基地，一个小组负责讲解。

二、引导幼儿分组合作，大方地介绍自己班级的生姜种植情况，完成接待任务

1.引导幼儿自由选择角色，激发幼儿兴趣。

2.引导幼儿分组讨论交流，确定本组接待的任务和方法。

3.引导幼儿分工合作，完成接待任务。

三、引导幼儿交流分享，增强幼儿的责任感

1.引导幼儿采用不同的方式表征自己的工作职责，并对自己的工作负责。

2.引导幼儿大胆交流，体验与同伴合作的快乐。

第三周　农庄品尝会

主题活动内容安排表

区域或活动	活动材料及关键活动
信息交流区	农作物博览会： 活动材料：各种蔬菜、水果和粮食等。 关键活动：引导幼儿观察交流，了解各种蔬菜、水果和粮食的不同特征
图书阅读区	珍惜粮食： 活动材料：《播种》《悯农》等绘本故事。 关键活动：引导幼儿探索和了解农作物的来历，知道珍惜粮食的重要性，体会农民伯伯的辛苦
角色扮演区	农家乐： 活动材料：仿真蔬菜、水果、鱼类、烧烤串等，玩具餐盘、碗勺、锅铲、大锅、钱币等。 关键活动：创设"农家乐"情境，与幼儿共同收集和制作所需的物品，引导幼儿大胆地进行角色之间的对话，提高语言表达能力，共同解决游戏中出现的问题
拼插建构区	农家宴： 活动材料：农家小院、农场的图片，木质积木，奶粉桶，饮料罐，纸桶，纸砖，等等。 关键活动：引导幼儿自主选择搭建材料，采用组合、垒高、围封和架空等方法搭建农家小院、农场等

区域或活动	活动材料及关键活动
益智 游戏区	蔬菜蔬菜，切一切： 活动材料：福禄贝尔玩具，瓜子皮、开心果壳、花生壳、各种豆子等生活材料，绘本《蔬菜蔬菜，切一切》。 关键活动：引导幼儿根据绘本中的图片，用福禄贝尔玩具和生活材料大胆进行拼摆
科学 发现区	扦插种植： 活动材料：各种种植用的器具、泥土、空心菜、木耳菜、种植各种扦插类植物的图片。 关键活动：引导幼儿自主探索扦插种植的特点和要点，并尝试合作进行扦插种植
美工 制作区	1. 收获花生。 活动材料：花生的图片、手工折纸、太空泥、涂色笔、树枝、花生壳。 关键活动：引导幼儿用树枝、花生壳、太空泥等拼贴表征收获花生的场景。 2. 绘画春笋。 活动材料：水粉颜料、卡纸、画笔、春笋的图片。 关键活动：引导幼儿观察春笋的图片，用水墨画的形式大胆进行作画，用点画法画出竹笋的茎叶，以及颜色的深浅变化
音乐 表演区	鸭子农夫： 活动材料：《快乐的农场》音乐、各种动物的头饰、太空泥食品、餐桌、餐具、厨师服装等。 关键活动：引导幼儿根据音乐大胆进行表演，感受不同情境下鸭子的励志故事
教学活动	1. 7 的加减（数学）。 2. 小种子，快长大（综合）。 3. 快乐农庄品尝会（综合）。 4. 农民伯伯的乐与忧（社会）。 5. 我们爱劳动（美术）
户外 体育活动	集体游戏：你追我赶。 分散活动：车轮滚滚、小小运输队

续表

区域或活动	活动材料及关键活动
生活活动	1.通过讲故事和谈话的方式，引导幼儿在采摘时及时补充水分，和同伴互相更换后背汗巾。 2.开展合作采摘活动，引导幼儿感受合作完成事情会更迅速。 3.引导幼儿活动结束后对物品进行分类整理
环境创设	布置"芋头大变身"主题墙： 1.投放幼儿表征的芋头可以怎么吃以及芋头的营养价值等的资料。 2.投放幼儿制作的芋头美食。 3.投放幼儿种植的芋头生长的图片
家园社区	1.请家长与幼儿交流有关芋头美食的知识。 2.请家长和幼儿一起查找芋头的营养价值。 3.请家长协助幼儿准备制作芋头美食所需的工具

教学活动一 7的加减（数学）

【活动目标】

1.根据7的加减算式表示的数量变化，进一步了解加减的实际意义。

2.能根据7的组成推导出7的加减算式，能准确地摆出算式。

3.能运用简单的推理方法解决问题，感知数学在生活中的应用。

【活动准备】

1.铅笔、加减算式卡、1～7的数字卡片、7的分合式图卡、7以内的算式题卡、带盖的小桶（小桶中下部用卡纸隔成两部分，桶底一半是黄色，一半是红色）、用太空泥团的糖豆、一张7元的玩具纸币。

2.布置"一元面点屋"场景。

【活动过程】

一、组织幼儿玩分糖豆的游戏，引导幼儿根据7的组成自主探索7的加减算式

1.讲解分糖豆游戏的玩法，请幼儿根据糖豆的位置记录游戏结果。

玩法：将7颗糖豆放进小桶，合上桶盖，轻轻摇晃，然后打开桶盖，看看黄色部分、红色部分分别有几颗糖豆，用分合式图卡和数字卡片进行记录。

2. 引导幼儿描述游戏结果，运用 7 的组成推出相应的加法算式。

提问：黄色部分有几颗糖豆？红色部分呢？怎样摆出加法算式？

请幼儿根据自己的游戏结果和 7 的组成快速摆出两个加法算式，并说一说这两个加法算式有什么联系，巩固对加法交换律的认识。

3. 引导幼儿描述游戏结果，运用 7 的组成推出相应的减法算式。

提问：怎样摆出减法算式？

请幼儿根据自己的游戏结果和 7 的组成快速摆出两个减法算式，并观察两个减法算式的特点，巩固对减法算式中减数和差的互补规律的认识。

4. 请幼儿继续玩游戏，将自己的游戏结果用加法或减法算式记录下来。

二、出示 7 以内的算式题卡，引导幼儿看算式报得数

引导语：这里有几道题，请小朋友们算一算，看看谁算得又对又快。

例如：$4 + (\quad) = 7$；$5 + (\quad) = 7$；$7 - 3 = (\quad)$。

三、组织幼儿玩一元面点屋的游戏，巩固 7 的加减运算，感知数学在生活中的应用

一元面点屋里的食品均为 1 元一个，给每个幼儿发 7 元钱。

1. 请幼儿购买两种商品，两种商品的价钱合起来是 7 元。例如，3 个包子和 4 个小饼，5 个小蛋糕和 2 个小面包。

2. 请幼儿购买一种商品，付钱时说出应找回的钱数才能离开商店。例如，买了 6 块饼干，应找回 1 元钱。

四、活动延伸

1. 将材料投放到科学发现区和益智游戏区，引导幼儿自主游戏。

2. 鼓励幼儿与同伴互相交流结果，发现问题后及时讨论解决。

教学活动二　小种子，快长大（科学）

【活动目标】

1. 认识常见的种子，比较种子的不同，感知种子的多样性。

2. 找出并描述各种蔬菜、水果的种子。

3. 积极参与交流，对植物的种子产生探究兴趣。

【活动准备】

1. 各种水果、各种种子的实物。

2.幼儿认识常见的蔬菜和水果。

【活动过程】

一、引导幼儿寻找水果的种子，激发幼儿活动兴趣

引导语：昨天，老师吃苹果时发现了一个秘密——苹果里藏着小星星，那里有苹果的种子。今天，老师带来了许多水果。都有什么水果呢？有桂圆、葡萄、枣、草莓等。它们的种子藏在什么地方？我们一起来找一找。

二、引导幼儿感知种子的多样性

提问：你们找到了什么水果的种子？你们是在哪里找到的？能说一说它们是什么样的吗？

小结：有的小朋友找到了桂圆的种子，是在桂圆的果肉里发现的，桂圆的种子圆圆的。有的小朋友找到了枣的种子，是在枣的果肉里发现的，枣的种子长长的，两头尖尖的。有的小朋友发现草莓的种子长在果肉外面，像个小圆点。

引导幼儿通过看一看、摸一摸，初步感知种子是多种多样的。

三、引导幼儿结合其他常见的植物种子，总结种子的特征

提问：刚才我们找到了许多水果的种子，你们还知道哪些植物的种子？它们是什么样的？

幼儿根据生活经验自由回答，如："我还知道黄豆的种子，它是黄色的、圆圆的"。

引导语：老师这里有小朋友们收集的一些种子，把它们和我们刚才找到的水果种子放在一起看一看。它们一样吗？有什么不同？（教师引导幼儿自由讨论。）

小结：这些种子的大小、颜色、形状都不同。

四、引导幼儿思考种子有什么用

引导语：种子最大的作用是什么呢？种子最大的作用是繁殖后代，即发芽长出新的植物。那我们把这些种子带回去，想办法让它们长出新的植物来吧！

五、引导幼儿玩我是一颗小种子的游戏

引导语：小朋友们，如果你们是一颗小种子，你们想做什么植物的种子？（教师引导幼儿自由回答。）老师现在就把你们栽到泥土里，每天精心地浇水、施肥。阳光出来了，你们发芽了。阳光照得你们好暖和啊，你们很快就长成了小植物苗苗，在春风里舞蹈。

小结：小朋友们，你们就像小种子一样，需要很多人的关爱才能健健康康地长大。拿些你们喜欢的种子，想办法让它们长成植物吧！

六、活动延伸

引导幼儿去科学发现区进行种植种子并观察种子的生长过程。

请幼儿和爸爸妈妈一起探索种子的更多奥秘。

教学活动三　　快乐农庄品尝会（综合）

【活动目标】

1. 了解农村的风景和生活方式。

2. 认识各种农产品，了解其生产过程和价值。

3. 增加对健康饮食的认识，养成良好的饮食习惯，提高观察能力和想象力。

【活动准备】

1. 各种农产品、餐具、餐桌、椅子等。

2. 了解农村旅游路线、美食等。

【活动过程】

一、情境导入，进入活动主题

情境导入，激发幼儿兴趣，带领幼儿了解本次活动的主题和内容。

提问：今天的农庄品尝会都有哪些农产品呢？

二、引导幼儿了解不同种类的农产品

展示不同种类的农产品，讲解农产品的生产过程、价值等，鼓励幼儿了解农产品；带领幼儿到农家乐进行亲身体验，品尝地道的农产品。

三、引导幼儿了解活动意义

引导幼儿更加深入地了解本次活动的意义和价值。

提问：农产品的作用有哪些？

小结：一般把农产品分为粮油、蔬果、花卉、林产品、畜禽产品、水产品和其他农副产品七个大类。农产品在我们的生活中起着重要作用，比如：蔬菜是人们日常生活中不可缺少的副食品，新鲜水果含有丰富的维生素和矿物质。

四、引导幼儿认识到健康饮食的重要性

引导幼儿了解健康饮食的重要性，提高幼儿的观察能力和想象力，增强幼儿的合作意识和团队意识。

五、活动延伸

请幼儿与爸爸妈妈分享农产品的生产过程与价值。

教学活动四　农民伯伯的乐与忧（社会）

【活动目标】

1.理解农民伯伯劳动的辛苦，知道粮食来之不易。

2.爱惜粮食，培养良好的进餐习惯。

3.不浪费粮食，珍惜食物，懂得"粒粒皆辛苦"的含义。

【活动准备】

1.课件。

2.幼儿提前熟悉音乐《我爱吃》。

【活动过程】

一、借助古诗导入活动

用课件出示古诗《悯农》，引导幼儿通过学习古诗，进入活动。

二、激发幼儿爱惜粮食的情感

引导幼儿深刻体会《悯农》表达的思想感情，体会粮食来之不易，激发爱惜粮食的情感。

三、引导幼儿初步了解粮食的来历，体会粮食来之不易，学会爱惜粮食

1.引导幼儿认识水稻和小麦。

引导语：今天，老师从农民伯伯那里请来了两位客人，请你们猜猜它们是谁。

用课件出示水稻和小麦的图片以及它们的自我介绍。

水稻：小朋友们好！我的名字叫水稻。小朋友们吃的白米饭就是由我结出的大米做成的。

小麦：小朋友们好！我是小麦，白白的馒头是用我结出的麦粒磨成的面粉做成的。

提问：它们有一个共同的名字，叫什么呢？

小结：它们共同的名字叫粮食作物。

2. 用课件出示米饭的图片，引导幼儿初步了解粮食的来历，体会粮食来之不易。

（1）引导幼儿了解插秧。

引导语：小朋友们，这是一碗普通的白米饭，你们知道这些米饭是怎么来的吗？

提问：农民伯伯在做什么？他们是怎么插秧的？

小结：农民伯伯双脚浸在冷水中，弯着腰插秧。这样时间长了，会腰酸背痛。

（2）引导幼儿了解水稻的管理。

提问：禾苗在农民伯伯的精心养护下，渐渐长高了，为了让禾苗长得更加苗壮，农民伯伯要做什么？

小结：除草、施肥、喷洒农药等。

（3）引导幼儿了解水稻的收获。

提问：经过半年多的辛勤劳动，水稻成熟了，农民伯伯还要做些什么？

小结：农民伯伯要把水稻割下来，捆成捆儿，运到地头，再经过脱粒、碾去稻壳等许多工序，才能加工成我们现在吃的大米。

（4）引导幼儿认识小麦磨成面粉后制作的食品。

提问：小麦可以磨成面粉，面粉能制作哪些食品呢？

小结：面粉可以制作馒头、面包、包子、油条、面条、饺子等食品。（教师用课件出示相应食品的图片。）

3. 引导幼儿升华认识，爱惜粮食。

提问：小朋友们，粮食来得容易吗？为什么不容易？

小结：为了种出一粒粮食，农民伯伯不怕风吹日晒雨淋，不怕劳累，洒下了多少辛勤的汗水啊！所以，我们要加倍地爱惜粮食。

提问：我们怎么做才能爱惜粮食呢？

小结：用餐时，能吃多少就盛多少，一定要吃完，不掉饭，不倒饭。

4. 用课件播放动画故事，和幼儿一起探讨如何爱惜粮食。

引导语：让我们看看小动物们是怎么对待粮食的。

提问：小兔子一家是怎么做的？小老鼠一家是怎么做的？谁做得对呢？为什么？如果我们像小老鼠那样不爱惜粮食会有什么后果？

待幼儿回答完后，进行总结。

四、通过游戏，加深幼儿对各种主食的了解，激发幼儿的食欲，丰富幼儿的生活经验

讲解游戏规则：幼儿围成一个圆圈，请 3 或 4 个幼儿在圈里边唱边表演。唱到最后一句时，一个幼儿走到另一个幼儿面前，边拍手边说"嘿嘿，猜猜我想吃什么"，并要求对方说出一种主食的名称。然后交换游戏人，进行下一轮游戏。

教学活动五　我们爱劳动（美术）

【活动目标】

1. 观察人物劳动时的不同动态，了解刮画的艺术特点。

2. 会借助自己喜欢的工具进行创作，大胆表现自己或同伴参与劳动的场景。

3. 回忆大家一起劳动时热闹、欢快的场面，体验刮画的乐趣。

【活动准备】

教师、家长随手抓拍的幼儿劳动时的照片，刮画纸，用完的签字笔笔芯，牙签，冰糕棍，会活动的人物卡纸，刮画作品范例。

【活动过程】

一、出示幼儿劳动时的照片，请幼儿观察、讨论自己和同伴劳动时的各种动态

提问：照片上有谁？他们在干什么？

请幼儿学一学同伴劳动时的样子，感受人物劳动时的各种动态。

二、示范刮画人物劳动时的动态，引导幼儿感知刮画的艺术特点

1. 出示刮画纸，用签字笔笔芯刮画其中一张照片中幼儿浇花的动态，请幼儿说一说出现了什么有趣的画面、画中的人在干什么。

2. 用会活动的人物卡纸摆出刚才人物的动态，启发幼儿摆一摆自己或同伴劳动时的其他动作，如擦玻璃、叠衣服、擦桌椅、刷碗、择菜等。

3. 出示添画好背景、刻画好细节的刮画作品范例，引导幼儿观察、感受刮画的艺术特点。

三、提出作画要求，指导幼儿进行创作

1. 提出作画要求：把自己或同伴在家、在园劳动时的样子画下来，可以画一个人物的动态，也可以画多个人物的动态；要画出周围的场景；使用不同的工具进行线描刮画，画面色彩、线条尽量丰富。

2. 分层指导幼儿活动，引导能力强的幼儿用线条刻画细节部分；鼓励能力弱的幼儿大胆刮画，注意画面的布局。

四、组织幼儿欣赏、交流作品

引导幼儿从绘画主题、工具使用、创新性等方面欣赏、交流彼此的刮画作品。

第五章　食育主题课程故事

第一节　小班课程故事

课程故事一　叶菜奇遇记

1. 课程缘起

新鲜的叶菜能为幼儿提供丰富的营养，促进幼儿身体健康发展。但在日常生活中，幼儿多喜欢吃肉类食物，对于叶菜的接受程度不高。为了引导幼儿形成对叶菜的正确认识，加深幼儿对叶菜的喜爱，使幼儿养成健康的饮食习惯，我园小班级部开设了《我和蔬菜宝宝的故事》食育主题课程。在次主题《你好，叶菜宝宝》中，一段与叶菜宝宝相处的美好时光开启啦！

2. 课程内容与过程

（1）遇见叶菜。

① 叶菜大调查。叶菜的种类那么多，幼儿已经认识了哪些叶菜？最喜欢吃哪些叶菜？不喜欢吃哪些叶菜？对此，我们进行了大调查。

② 寻找叶菜。带着好奇心，利用周末时间，幼儿和爸爸妈妈进行了一场寻菜之旅，去菜市场、超市、田间地头寻找叶菜，看一看、摸一摸，亲自去

发现、去体验。

③ 叶菜集合。幼儿将自己喜欢吃的叶菜带到了幼儿园，迫不及待地跟老师和同伴一起分享！

幼儿 A：我最喜欢吃油菜，油菜跟香菇一起炒很美味！

幼儿 B：生菜和卷心菜长得好像呀！不过生菜的叶子像花花裙，卷心菜的叶子像大花瓣！

幼儿 C：老师，芹菜也是叶菜吗？可是吃芹菜的时候不是吃芹菜茎吗？

教师：你真是个爱动脑筋的宝贝！芹菜到底是不是叶菜呢？

幼儿 D：芹菜是我带来的，妈妈说芹菜是叶菜。

幼儿 C：可是我没吃过芹菜叶子呀！

幼儿 B：我吃过芹菜叶子！奶奶做的拌芹菜叶吃起来有点儿苦，可是奶奶说很有营养。

教师：是的，芹菜的确是叶菜，我们可以食用它的叶和茎。

幼儿 C：原来是这样，回家后我也要尝尝芹菜叶！

通过近距离观察和相互讨论，幼儿进一步了解了不同叶菜的外形特征与营养价值。

（2）探秘叶菜。

叶菜宝宝是怎么长大的呢？幼儿走进了种植园，尝试种植和照顾叶菜宝宝，近距离地观察和感知它们的变化。

通过种植活动，幼儿更加明白了叶菜来之不易。"不挑食，多吃叶菜身体棒"成为幼儿响亮的口号。此后，我们适时开展了丰富多彩的教育活动，让幼儿更加深入地了解了有关叶菜宝宝的秘密和它们的营养价值。

（3）趣玩叶菜。

叶菜可以怎么玩？在各个活动区都有叶菜的身影！

①信息交流区：好多叶菜呀，你们最喜欢吃哪种叶菜呢？

②图书阅读区：看一看，说一说，叶菜的奥秘我知道！

③角色扮演区：你来切，我来炒，小小餐厅开业啦！小小的舞台，大大的欢乐。

④拼插建构区：瞧，我们的小菜园丰收啦！有菠菜、白菜、芹菜……

⑤益智游戏区：爱动脑，爱动手，比一比谁是聪明小宝宝！

⑥美工制作区：幼儿的小手真灵巧，会用搓、团、压、印等方法制作叶菜宝宝。

（4）宴遇叶菜。

教师：你们吃过哪些叶菜美食？怎样制作才能让叶菜的味道更好呢？

幼儿A：我喝过菠菜蛋花汤，滑滑的，香香的。

幼儿B：炒油菜的时候加上虾仁会更好吃。

幼儿C：生菜做成沙拉很美味。

幼儿D：把叶菜切得细细的再炒，可能会更好吃。

幼儿E：刚才说的菠菜吃起来涩涩的，总是嚼不烂，我不太喜欢吃。不过，我妈妈会做菠菜饼，一点儿也吃不出菠菜涩涩的味道，香香软软的，可好吃啦！

幼儿F：我也想尝尝这样的菠菜饼……

说做就做，幼儿一起来探索叶菜的花样吃法。

叶菜如此美味，幼儿满怀热情地分享了他们亲手制作的叶菜美食。

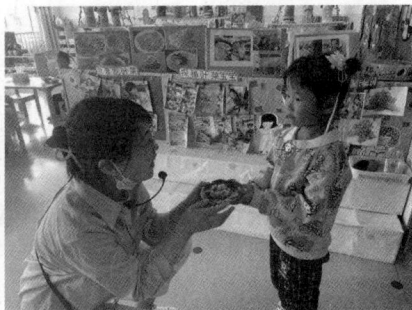

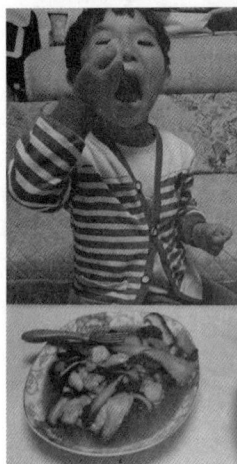

3. 课程总结与反思

食育是一种回归生活的教育，更是一种回归教育的生活。一棵小小的叶菜，成为幼儿津津乐道的话题。遇见叶菜，遇见成长，在《我和蔬菜宝宝的故事》主题课程中，我们从幼儿生活中的真问题出发，一起走进叶菜的奇妙世界，引导幼儿通过探寻有关叶菜的秘密，激发喜爱叶菜、珍惜食物的美好情感。在整个过程中，幼儿自主观察、自主探索、自主思考，真正成为课程的小主人。

课程故事二　你好，蛋宝宝

1. 课程缘起

小小的蛋，蕴藏着大大的世界。一个个蛋就是一个个小秘密，等待着幼儿去打开它们的神秘之门。小班幼儿好奇心强，对蛋有着浓厚的兴趣，因此，我园小班级部开设了《有趣的蛋》这一食育主题课程，一次"蛋"趣之旅即将开启！

2. 课程内容与过程

（1）趣"知"蛋。

教师：小朋友们，你们见过蛋吗？它们是什么样子的呢？

幼儿A：我见过鸡蛋，是椭圆形的，滑滑的。

幼儿B：我见过咸鸭蛋，它的皮绿绿的。

幼儿C：我吃过鹌鹑蛋，蛋壳上面有黑色的斑点！

主题活动开始之前，为了提前了解幼儿的已有经验，为主题活动的顺利开展做好准备，我们分别向幼儿、家长、级部教师三方开展了不同层次的问卷调查。根据调查结果，我们总结经验，确定了更符合幼儿实际和需求的食育课程。我们的"蛋"趣之旅正式开始喽！

① 寻找蛋宝宝。在我们身边都有哪些蛋宝宝呢？去超市、商店、菜市场找一找不同的蛋吧！

② 哪些动物会下蛋？蛋宝宝家族里有许多成员，通过精彩的教育活动，我们知道许多动物会下蛋，如鸡、鸭、鹅、企鹅、乌龟、蛇、鸵鸟、孔雀等。这些会下蛋的动物也叫卵生动物哟！

③ 蛋宝宝的结构。打开蛋壳，我们了解到蛋主要由蛋壳、蛋壳膜、蛋清、蛋黄组成。小小的蛋蕴藏的知识可真不少呀！

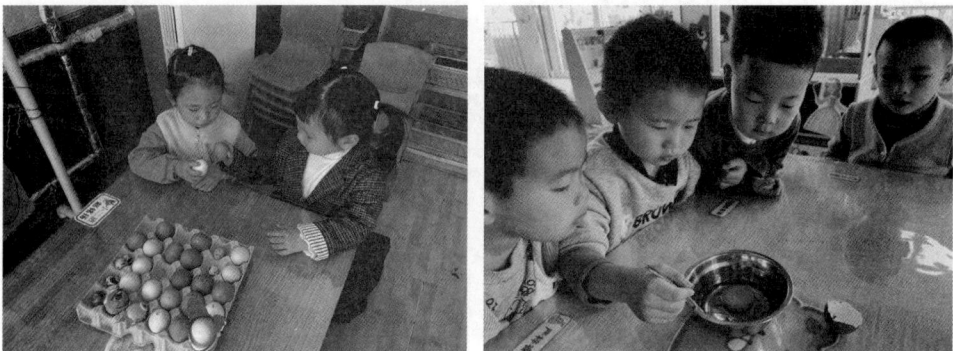

（2）趣"玩"蛋。

当蛋遇上游戏，会迸发出什么样的火花呢?

①有趣的体育游戏。

在幼儿的世界里，鸡蛋不仅是餐桌上的营养美味，更是一种激发想象力和创造力的神奇元素。当鸡蛋遇上体育游戏，一次充满乐趣与活力的冒险就此展开了。

A. 运蛋大行动。

B. 鸡宝宝真勇敢。

C. 小鸡吃虫。

② 蛋宝宝小实验。

在蛋的沉浮小实验中，我们通过操作发现：鸡蛋的沉浮变化和盐水的浓度有关。

生蛋、熟蛋怎么区分呢？用手晃一晃、把蛋转一转、用灯照一照就能区分出来了！

"春分到，蛋儿俏。"春分立蛋是我国民间的一个传统习俗。看看幼儿想到了哪些立蛋的好办法吧！

③ 保护蛋宝宝。

蛋宝宝非常脆弱，特别容易碎，今天我们来做蛋宝宝的爸爸或妈妈，进行爱心护蛋活动。

④ 创意区域活动。

A. 图书阅读区：看一看，讲一讲，蛋宝宝的故事可真有趣呀！

B. 拼插建构区：我们一起给蛋宝宝搭了一个温暖的家。

C. 益智游戏区：爱探索，爱思考，大家都是聪明的小宝贝！

D. 美工制作区：瞧，我们灵巧的小手把蛋宝宝变成了什么？

E. 音乐表现区：我们一起来给蛋宝宝唱首歌吧！

（3）趣"味"蛋。

蛋的营养价值很高，烹饪的方式也有很多，蛋能做成哪些美食呢？

幼儿A：蛋可以煮着吃。

幼儿B：我喝过妈妈做的蛋花汤，香香的，滑滑的。

幼儿C：蛋可以做成蛋饼和炒蛋。

幼儿D：美味的蛋挞我最爱！

幼儿通过投票决定了要制作的蛋美食，并一起讨论了制作美食所需要的食材和工具，大家都是小小美食家！

幼儿化身小厨师，还真是有模有样呢！美食不能独享，当然要将爱心进行传递啦！

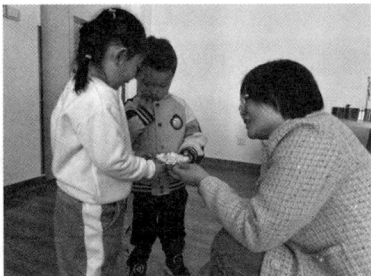

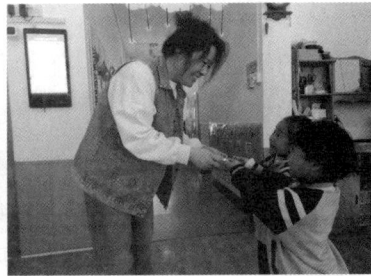

　　为了进一步品尝更多的蛋制品的美味，了解蛋制品的制作过程，幼儿还和爸爸妈妈一起做了蛋美食！

　　有关蛋的美食实在是太多啦！幼儿一口一口全部吃光了，吸收蛋的营养，长高长壮！

3. 课程总结与反思

在本主题的活动中，我们追随幼儿的脚步，引导幼儿在多感官感知、亲身体验、实际操作中认识蛋、了解蛋、制作蛋美食。我们发现，幼儿与蛋亲密接触才能自然而然地获得关于蛋的知识。于是，我们将生活中的蛋带进了教室，让幼儿近距离地观察、触摸、保护。我们还与幼儿一起烹饪了鸡蛋，不爱吃鸡蛋的幼儿也喜欢上了鸡蛋的味道，自主探索的效果显著。在这个主题，幼儿知道了蛋容易碎，我们日常吃到的鸡蛋是不会孵化出小鸡的，幼儿对鸡蛋的喜爱程度上升，变得爱吃鸡蛋了。

课程故事三　我是光盘小宝贝

1. 课程缘起

在小班幼儿初入园的阶段，我们常常能听到幼儿稚嫩的声音中透露出的对某些食物的抗拒："老师，我不喜欢吃青椒。""老师，这个蔬菜吃起来有味道。"……这些声音不仅反映了幼儿对食物的偏好或抗拒，还折射出他们对于尝试新食物的犹豫和不安。挑食、偏食现象在这个阶段相对普遍，这不仅影响了幼儿的身体健康，还对他们良好饮食习惯的养成提出了挑战。

为了让幼儿了解营养健康知识，培养健康的饮食习惯，《我是光盘小宝贝》主题课程从小班幼儿的饮食问题出发，引导幼儿了解各种食物的营养，激发幼儿争做爱惜粮食、健康饮食的光盘小宝贝，促使幼儿养成文明进餐、不挑食等良好的饮食习惯。

2. 课程内容与过程

（1）一起来学习。

在集体活动中，教师带领幼儿认识了有味道的蔬菜，学习了正确使用勺子的方法，了解了多吃零食的危害，知道了蔬菜对人体的好处。

（2）趣玩游戏乐趣多。

结合主题内容，教师为幼儿创设了丰富多彩的活动区。充满童趣的环境、丰富多彩的游戏材料，再加上教师耐心细致的引导，使小小的活动区中充满了幼儿的大智慧。他们探索食物、健康饮食的新世界正在开启！

① 信息交流区：好多美食呀，你们最喜欢吃什么呢？

② 角色扮演区：快看，幼儿在给小动物喂饭呢！

③ 拼插建构区：哇，幼儿搭建的小菜园丰收了，你们想吃什么蔬菜呢？

④ 美工制作区：幼儿在用灵巧的小手制作美味的食物！

（3）一起逛菜园！

大自然蕴含着无限的教育价值，教师带领幼儿亲近自然，走进菜园，探寻蔬菜生长的秘密。看，幼儿正在兴奋地探索蔬菜生长的秘密！

（4）绘本教育养习惯。

通过聆听生动有趣的绘本故事、观察多彩的食物图片，幼儿了解了食物的营养价值，并立志一起做健康饮食的光盘小宝贝。

（5）自助取餐享食趣。

小小的夹子，可以锻炼幼儿手部力量和手眼协调能力。

用餐时坐好，细细嚼，慢慢咽，不挑食，不浪费，大家都是好宝宝。

（6）光盘行动，不负食光。

幼儿用实际行动践行了光盘精神，越来越多的小朋友加入光盘行动中，争做光盘小达人！

（7）家园沟通，温暖前行。

为了让家长了解食育课程开展情况，教师积极与家长沟通，随时向家长反馈幼儿的饮食情况和主题课程实施成果。家园共育，助力幼儿健康茁壮成长！

3. 课程总结与反思

本主题课程的实施，让教师体会到：要深度挖掘主题活动的内容，并注重整合性；主题活动要与幼儿的生活实际紧密相连，注重连续性。课程既源于生活，也源于问题，作为教师，要注重观察、鼓励、引导，帮助幼儿迈向深度学习。食育课程通过多种方式传递健康的生活理念，帮助幼儿养成良好的饮食习惯和生活习惯，我们的食育故事将会越来越精彩！

第二节　中班课程故事

课程故事一　快乐"食"刻，文明进餐

1. 课程缘起

3～6岁的幼儿正处于生长发育的关键时期，营养合理的饮食结构和健康文明的饮食习惯有助于他们健康成长。中班的幼儿已经能够熟练、正确地使用餐具，并且较少出现偏食、挑食等饮食问题，但幼儿对合理的进餐量、进餐时间、进餐速度以及进餐礼仪等方面的知识了解得还不够。为了引导幼儿在愉悦的自主探索中继续提高生活能力，《我是文明小食客》主题课程应运而生。本主题以问题和结果为导向，紧抓"文明"核心，由《一餐吃多少》《一餐吃多久》和《农庄品尝会》三个次主题构成，通过引领幼儿感知、表征、体验和操作，递进性地推进课程实施，帮助幼儿养成科学的进餐习惯，学习文明的进餐礼仪。

2. 课程内容与过程

（1）一餐吃多少。

通过集体教育活动和自主阅读，幼儿发现：原来肚子里有小精灵！他们明白了：不能胡乱地吃东西，吃东西时要细嚼慢咽，否则小精灵会气呼呼地砸墙，使劲跺脚。

看，幼儿一起为自己设计和制作了营养均衡的午餐。

午饭时间到，吃多少拿多少，幼儿都争当"光盘小明星"！

（2）一餐吃多久。

午餐吃多长时间合适呢？幼儿一起进行了头脑风暴，想到了很多知晓自己进餐速度的好方法，如听音乐、看沙漏、看时钟、感受食物的温度、对比同伴的速度……他们了解了自己的进餐速度，就可以根据需要进行调整了。

教师为幼儿介绍了不同食物的咀嚼次数和咀嚼位置，让幼儿明白了进餐时要细嚼慢咽。

（3）快乐进餐，礼仪相伴。

《礼记·礼运》中记载："夫礼之初，始诸饮食。"可见饮食礼仪是一切礼仪制度的基础。那么，进餐礼仪有哪些呢？针对这些问题，幼儿展开了大讨论。

教师：吃饭时，我们要注意哪些问题呢？

幼儿A：吃饭时，要用右手拿勺子，左手扶碗。

幼儿B：吃饭时，不能把米粒掉得满地都是。

幼儿C：吃饭时，不能用手抓。

幼儿D：吃饭时，小肚子要贴紧小桌子。

"不知礼，无以立也。"我们通过视频、绘本故事、餐前儿歌等，引导幼儿明白了良好的进餐礼仪的重要性。

　　礼仪标兵我来做，餐食礼仪记心中。饭前挽袖七步洗手，饭中坐姿端正不讲话，饭后收拾饭渣送餐具……良好的餐桌礼仪是对他人尊重的表现，现在正是幼儿良好习惯的养成期，一定要引导他们养成这些良好的进餐习惯。

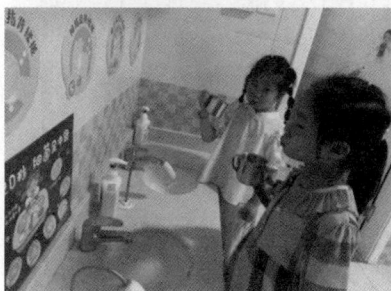

3. 课程总结与反思

从食物的挑选与搭配，到餐桌礼仪的学习与实践，再到食物残渣的妥善处理……每一个环节都紧密围绕文明进餐展开。通过本主题课程的实施，幼儿不仅学会了如何成为一个文明小食客，还在参与过程中体会到了尊重他人、珍惜食物和保持环境整洁的重要性。当然，对于文明进餐习惯的培养，不能仅仅停留在这一主题课程中，而应该渗透到幼儿的日常生活中。因此，我们计划在未来继续开展相关的食育活动，并通过家园合作的方式，共同推动幼儿文明进餐习惯的养成。文明进餐是一个人礼仪行为的缩影，文明进餐礼仪可以为其他良好行为习惯的养成奠定基础。中国自古就是礼仪之邦，有很多流传千古的文明礼仪习惯，愿文明的进餐礼仪伴随幼儿快乐成长，愿中华民族传统美德继续发扬光大！

课程故事二　满怀希望，播种快乐

1. 课程缘起

春天是万物生长的季节，也是探索、发现的好时节。陈鹤琴先生说过："大自然、大社会都是活教材。"为了满足幼儿的好奇心和探索欲望，我园中班级部开设了《种子奇遇记》主题课程。让我们一起走进种子世界，共同经历一次奇妙的探索之旅吧！

2. 课程内容与过程

（1）我与种子初相识。

教师：亲爱的小朋友们，关于种子，你们都知道什么呢？

幼儿 A：我认识的种子有绿豆、红豆、黑豆、花生等。

幼儿 B：种子的颜色不一样，有黑色的，有红色的，有黄色的。

幼儿 C：我知道种子的形状不一样，有圆圆的，有扁扁的。

幼儿 D：妈妈说苹果的种子是不可以吃的，有毒。

幼儿 E：我知道种子要长大需要阳光和水！

原来，种子家族有这么多成员啊！

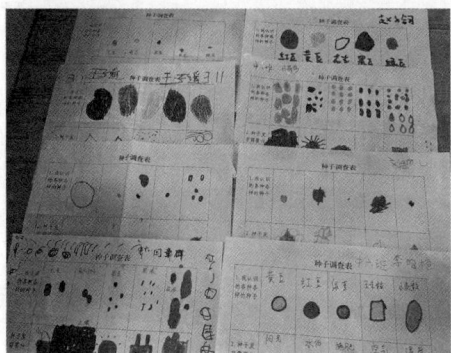

（2）我与种子做游戏。

在区域活动中，幼儿通过看一看、玩一玩、做一做，充分发挥了自己的想象，大胆创作。

A. 粘一粘：小小种子粘贴画。

B. 画一画：小种子是怎么长大的。

C. 摆一摆：种子发芽了。

D. 拼一拼、搭一搭：蔬菜长大了。

E. 捏一捏：我们的种植园地。

（3）我与种子共成长。

一年之计在于春，春天是万物复苏的季节。小小的种子里蕴含着大大的能量，正如小小的我们拥有无限的可能。来看看我们的种植计划吧！

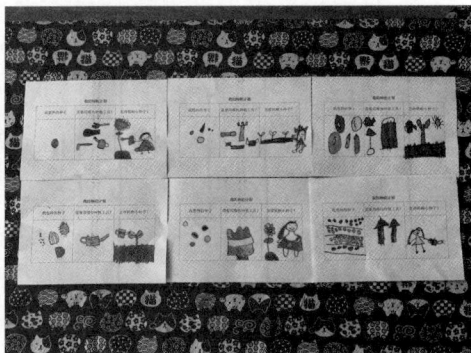

播种之前要先松一松种子宝宝的"小床"，播种后要给种子宝宝浇水。好期待种子宝宝快点儿发芽呀！

幼儿想要记录下小种子的生长过程，发现更多的秘密。相信，在幼儿的悉心照料下，小种子一定会快快长大！

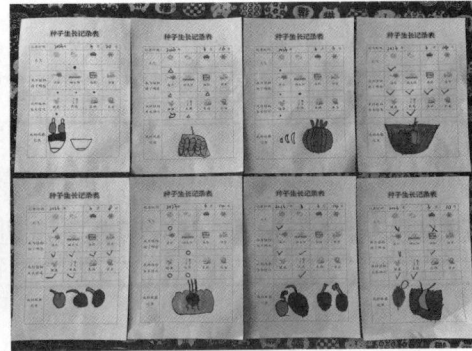

（4）我与种子共欢乐。

种子含有丰富的营养，比如：红豆含有丰富的蛋白质和铁元素，可以益气养血，增强身体免疫力；绿豆可以清热解暑，是夏天必不可少的饮品；黄豆可以健脾养胃，调节胃肠道的功能……想要一次品尝多种种子的味道，杂粮饭是个不错的选择。杂粮饭不仅能补充人体所需的营养，还能增强身体抵抗力，预防疾病，让身体更健康。我们一起来尝一尝美味的杂粮饭吧！

3. 课程总结与反思

在《种子奇遇记》主题课程中，幼儿亲身体验了种植的乐趣，在探究中发现问题，在发现中获取信息，在获取中收获快乐，顺时而食，因时而育。食育课程让教育回归真实生活，让幼儿在感知和操作过程中，体验生活的多姿多彩，获取自主学习与成长的力量！

课程故事三　我是开心小吃货

1. 课程缘起

《汉书·传·郦陆朱刘叔孙传》中写道："王者以民为天，而民以食为天。"从古至今，人们对美食的热爱一刻不歇。在日常生活中，幼儿对美食也充满了好奇与喜爱，但是如何正确分辨、选择健康的美食，大家对此充满了疑惑。为解开幼儿心中的疑惑，我园中班级部开设了食育主题课程《我是开心小吃货》。

2. 课程内容与过程

（1）小吃货要开心吃。

教师：亲爱的小朋友们，你们了解什么是小吃货吗？

幼儿 A：小吃货应该是很喜欢吃美食的人。

幼儿 B：小吃货是吃过各种各样食物的人。

幼儿 C：小吃货就是什么食物都吃，很能吃，超级能吃的人。

幼儿 D：这么说来，我好像就是一个小吃货。

身为小吃货，我们都吃过哪些食物呢？一起来画画"小吃货日记"吧！

除了吃过的食物，你们还知道哪些食物呢？幼儿到信息交流区展开了热烈的讨论。看来幼儿知道的食物种类可真不少！

（2）小吃货要健康吃。

巧克力、糖果、冰激凌、薯条……这些都是幼儿喜欢吃的食物。可它们是健康食物还是不健康食物呢？幼儿通过阅读绘本和相互交流，了解了不健康食物都有哪些种类。

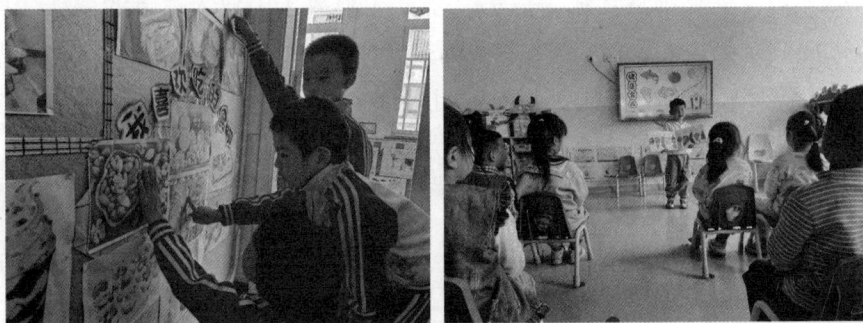

原来，高糖和高油脂类食物对身体的危害很大。教师带领幼儿学习了平衡膳食宝塔，使幼儿明白了怎样吃才能保持健康的状态。

粮食类食物可以让我们更有力气，要多吃；油脂类食物热量多，要少吃；蔬菜、水果要多吃，以补充维生素和矿物质。不挑食，营养均衡才能健康成长。

（3）小吃货会轻松做。

阅读完绘本《环游世界做苹果派》，幼儿想要亲自动手制作美食的心情也迫切起来。小厨师们已就位，开始制作！

第一步，苹果削皮切成丁。第二步，向苹果丁中放入适量的白糖，拌匀后包进面皮。第三步，在面皮表面涂抹上蛋液，撒上芝麻。第四步，将做好的苹果派面坯放入烤箱烤制。酥脆香甜的苹果派烤好了，尝一口美滋滋的！

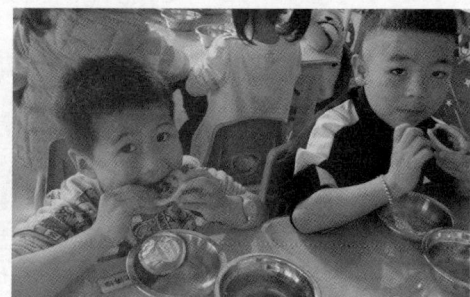

（4）小吃货要欢乐玩。

区域游戏是幼儿最喜爱的活动，此刻他们正在游戏中不断获取健康饮食的知识呢！

①拼插建构区：拼插超市和炒饭机器人。

②益智游戏区：区分健康食物和不健康食物。

③科学发现区：看一看可乐喷泉。

④美工制作区：捏、团、画最喜欢吃的食物。

⑤音乐表演区：表演美味的派。

3.课程总结与反思

作为教育之本、生存之本，食育课程有着促进幼儿健康发展、健全幼儿人格、传承优秀饮食文化的重要功能。在《我是开心小吃货》主题课程中，我们通过寓教于乐的方式引导幼儿区分食物的种类，让幼儿形成了对健康饮食的初步印象和良好的饮食习惯。在众多美食面前，幼儿不仅能够主动区分健康食物和不健康食物，还在一系列的动手制作中体验到合理饮食、健康生活的幸福感，这些都为幼儿的成长与发展奠定了坚实的基础。

第三节 大班课程故事

课程故事一 叮，欢乐餐厅上线

1.课程缘起

五月，携一抹温暖，纳一缕清风，听鸟语虫鸣，品各地美食。俗话说："民以食为天，食以味为先。"幼儿在日常生活中跟随爸爸妈妈去过各种各样的餐厅，品尝过各地美食，但关于在不同餐厅就餐的礼仪知识了解甚少。基于幼儿的身心发展特点和兴趣，大班级部开设了《我的欢乐餐厅》这一主题课程，引导幼儿亲身体验、动手操作。让我们跟随幼儿走进不一样的欢乐餐厅看一看吧！

2.课程内容与过程

（1）欢乐餐厅聊不停。

教师：亲爱的小朋友们，你们都去过哪些餐厅吃饭？

幼儿A：我去吃过肯德基，里面有汉堡、薯条、可乐等。

幼儿B：妈妈带我去海底捞吃过火锅，里面有分格的锅，还有好多口味的锅底呢！

幼儿C：爸爸带我和妹妹去饺子馆吃过饺子，里面有各种馅的饺子，可好吃了。

教师：那你们最喜欢吃餐厅里的什么呢？

幼儿 D：我喜欢吃肉。

幼儿 E：除了青菜，我都喜欢吃。

关于各类美食餐厅，幼儿有一定的生活经验。我们在交流过程中发现，不少幼儿存在挑食现象，一些味道特殊的菌类、青菜都是幼儿抗拒的食物。怎么办？遇到难题要巧妙化解。接下来，让我们期待幼儿的转变。

（2）各类蔬菜乐尝试。

蔬菜种类繁多且有不同的营养价值，有趣的教育活动让幼儿了解了不同蔬菜有不同的食用部位，每一种蔬菜都有自己独特的味道与营养价值。通过不同的活动，幼儿更愿意去尝试并享受不同味道的食物，纷纷争当"光盘小明星"。

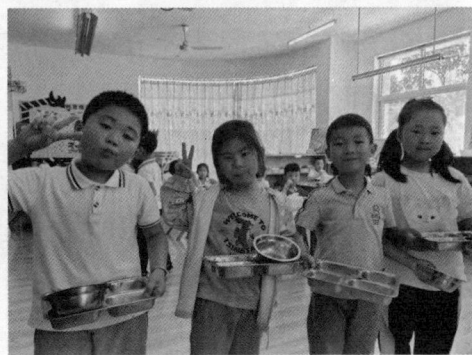

（3）进餐礼仪知多少。

在不同的餐厅就餐时都有哪些礼仪需要注意呢？幼儿通过主动观察、互相交流、向爸爸妈妈请教，用绘画的方式表征了调查表。

① 吃自助餐时，要少取多次，不能浪费食物。

② 吃西餐时，要左手拿叉，右手拿刀，不能把餐盘端起来吃。

③ 集体就餐时，要使用公筷、公勺，不能用自己的筷子在饭菜中随意翻挑。

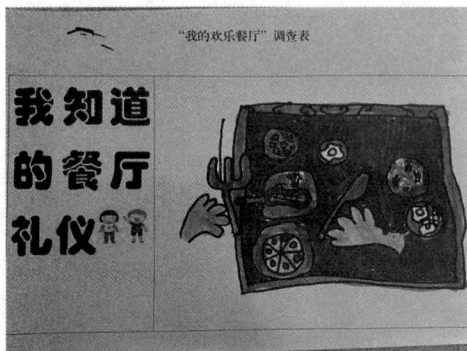

为了锻炼幼儿的手部力量以及手眼协调能力，我们还为幼儿提供了筷子。

（4）创意餐厅巧绘制。

每个幼儿都有自己喜欢的餐厅。他们通过绘画、手工制作等方式设计出了自己喜欢的餐厅。

（5）线下餐厅真营业。

幼儿都希望自己拥有一个独一无二的欢乐餐厅，于是我们有了一个共同的目标——把画上的餐厅"搬"下来！教师耐心倾听幼儿的意见并提供支持，幼儿大胆尝试。

（6）甜品小吃齐上线。

欢乐餐厅主菜好吃，餐前的甜品小吃更是少不了。各班确定了幼儿呼声最高的甜品小吃，在保育老师的帮助下，幼儿体验了从准备食材到制作美食的全过程，分享了美食。

3. 课程总结与反思

通过本主题课程，我们深刻地体会到：生活本身就是一种教育，而食物作为生活的重要组成部分，承载着丰富的文化和教育意义。幼儿通过学习本主题课程，获得了有关"食"的知识，具备了选择"食"的能力，理解和传承了"食"文化，养成了健康的饮食习惯和文明的进餐礼仪。主题课程还在继续，我们将共同为幼儿营造一个更加健康、快乐、富有教育意义的饮食环境。

课程故事二　发现味道

1.课程缘起

一缕春风拂动，万物欣欣向荣。春天是万物复苏的季节，也是享受美食的季节。在这个温暖的季节里，各种新鲜的食材依次呈现，让我们的味蕾在诗意中沉醉。为了引导幼儿学习传统饮食文化，获得健康的饮食观念和健康生活的能力，我园大班级部依托春天的节气，加强了习俗与食俗的学习，开设了《发现味道》主题课程。让我们一起用味蕾寻找春天，用舌尖感受春天吧！

2.课程内容与过程

（1）寻春之旅。

脱掉厚厚的棉衣，穿上漂亮的春装，原来春天已悄悄地走进了幼儿的世界。可是春天在哪里呢？春天的味道又是什么样的呢？幼儿走进田地、菜市场，开启了奇妙的寻春之旅。

春天在田地里，荠菜、马齿苋、面条菜……这些都是春天的味道；春天还悄悄地藏进了菜市场里，原来春天有这么多新鲜的蔬菜和水果！

春天的美食数不胜数，快来一场咬春宴吧，用舌尖感受春天的乐趣，把春天统统吃进肚子里。

（2）品春之味。

春光正好，春食不可辜负。经过这一次寻春之旅，幼儿肚子里的小馋虫早已悄然苏醒，不如我们就用春天的时令蔬果做一道美食吧！

蔬菜、水果在生长季里沐浴阳光、汲取水分，形成了各自独特的营养。在制作前，幼儿了解了食材的生长环境、生长周期、营养价值等。香椿健脾开胃、利尿解毒；苦菜吃起来微苦，能够清热解毒；菠萝含有丰富的维生素B，可以增强身体免疫力……

美食制作活动正式开始，幼儿化身小厨师，正忙得不亦乐乎呢！他们有的洗，有的切，个个乐在其中。

随着热气慢慢升起，香气在空气中弥散开来，简单的食材变成了一道道美味佳肴，赶快来品尝一下吧！

分享美食，分享心情，分享故事。分享是一种行为，更是一种美德。幼儿向亲爱的园长、老师分享了自己亲手制作的美食。

　　绿色的香椿叶真的可以制作香椿茶吗？野生荠菜和种植荠菜有什么区别呢？为什么生吃菠萝时舌头有扎扎的感觉？美食虽已下肚，但新的探究还在继续，幼儿就所用食材展开了更深入的探索。

　　（3）定春之食。

　　在集体教育活动中，幼儿知道了五色食物养五脏，还了解了许多营养搭配、平衡膳食的小知识。他们以所学知识为依据，自主制定了幼儿园一周食谱。

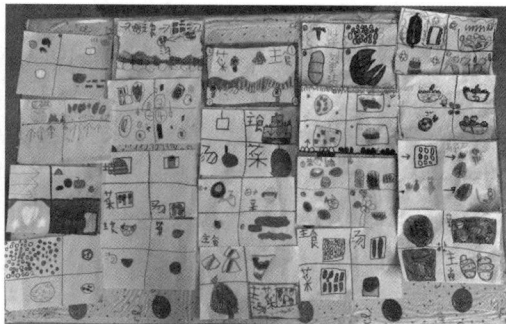

大班幼儿走进小班、中班，向弟弟妹妹们介绍了自己的食谱，最终通过投票选出了最受欢迎的一周食谱。吃着自己精心搭配的营养午餐，大班幼儿体会到了自主配餐的乐趣和成就感。

3. 课程总结与反思

让食物自然生长，让教育自然发生。陶行知先生说："生活即教育，一切生活都是课程，一切课程也要源于生活。"在本主题课程中，我们以春天的节气为契机，带领大班幼儿走进了传统饮食与健康饮食的世界。通过一系列富有创意和教育意义的活动，幼儿不仅体验到春天食材的新鲜与丰富，更是在动手制作春日美食的过程中增加了对健康饮食的认识和兴趣，了解了食材的营养价值，领略了传统饮食文化的魅力。通过品尝自己亲手制作的食物，幼儿的味蕾得到了极大的满足，同时也加深了对健康饮食习惯的理解。食育课程带领幼儿走向最原始的生活需求，了解食材，感知食物，参与制作，体验生活。我们将继续引导幼儿追溯并认知食材的来源，发现自然环境和食物的关系，培养幼儿健康的饮食习惯以及尊重食物、节约粮食的良好品质。

课程故事三　开心农庄，收获开心

1.课程缘起

陈鹤琴先生曾说："儿童的世界是儿童自己去探讨、去发现的，大自然、大社会是孩子们最真实的、最丰富的、最具吸引力的学习环境。"随着大班级部食育主题课程《开心农庄》的开设，幼儿对翻土、播种、浇水、施肥、收获、品尝等一系列活动很感兴趣，为了满足幼儿对大自然的好奇心和探索的欲望，我们决定进一步深化课程内容，引导幼儿从农庄的实践活动中学习更多关于食物来源、生长过程以及人与自然的关系的知识。

2.课程内容与过程

（1）一起来翻地。

种地的第一步是翻地，可别小瞧翻地，这是一门大学问。

在自由探索过程中，幼儿对如何翻地的兴趣十分浓厚，走廊上、教室里随处可以听见幼儿热火朝天的讨论声。幼儿还对翻地的工具、松土和除草的方法以及翻地时需要注意的事项进行了调查。

幼儿A：我家里有锄头，昨天放学回家时，我爷爷正在用锄头翻小花园的地呢！

幼儿B：锄头是什么样子啊？我没见过呢！

幼儿C：刀身平平的、薄薄的，还有一根很长的木棍，可以拿在手里。

幼儿D：我还见过一种前面有很多爪子的工具呢，翻地时肯定也能用到。

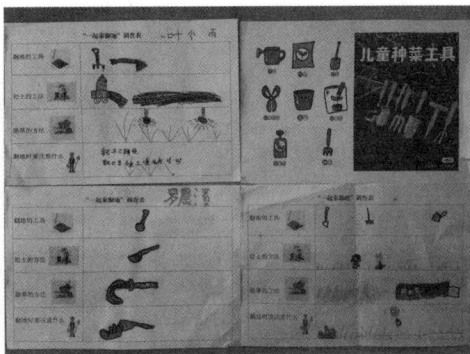

在翻地过程中，幼儿不但认识了多种农用工具，如锄头、钉耙、铁锹、翻耙等，还学会了翻地的方法，体验了农民伯伯的辛苦与不易。

（2）一起来播种。

翻完地后要种什么呢？有的幼儿说要种芒果，有的幼儿说要种火龙果……"你们说的这些植物在幼儿园能种活吗？现在这个季节适合种什么呢？"教师将问题抛给了幼儿。幼儿通过调查了解到：在我们北方的春季，有许多植物是不适宜种植的。最后幼儿选出了适合初春播种的植物，如黄瓜、茼蒿、花生、土豆等。

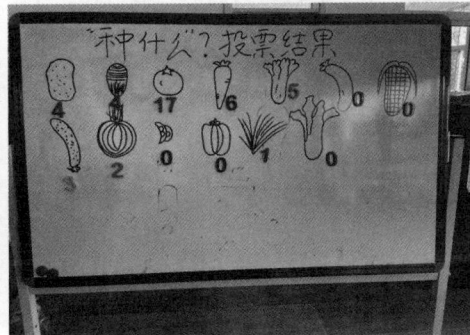

最期待的种植活动开始啦！看着一粒粒种子从手中散落下来，幼儿开心极了，他们给种子覆土、浇水，期待它们快快长大。

（3）一起来憧憬。

① 揭牌仪式。农作物种好了，开心农庄正式揭牌啦！各班代表向大家介绍了设计好的标志牌。为他们认真的样子点赞！

② 雨中的农庄。《幼儿园教育指导纲要（试行）》中指出：幼儿园教育应尽量创造孩子参与实际探究活动的机会，使孩子能够亲身体验探究的过程以及方式。下过雨的农庄是什么样子呢？蔬菜宝宝有没有长大呢？带着这些疑问，幼儿哼着歌谣，蹦蹦跳跳地出发去探索了。

③ 肥料的制作。如何才能让农庄里的植物长得更茂盛呢？通过科学活动"施肥去"，幼儿对堆肥的原材料有了更多的思考：蔬菜叶、树叶、果皮等容易腐烂，是很好的堆肥原材料；小动物的便便、发酵的豆子水、腐烂的树枝和树叶含有丰富的氮、钙等元素，能更好地给植物提供营养。幼儿讨论后，通过记录表记录下来，一起动手制作了肥料，并给土地施了肥。

（4）一起来收获。

菜地里的面条菜长成了！幼儿小心翼翼地走进菜地，选择已经长大且比较嫩的植株摘下来，留下还没有长大的植株，等待下一次继续采摘。采摘结束后，幼儿把面条菜送到了厨房，期待自己的劳动成果变成美味的大餐。

　　幼儿品尝了自己种植的面条菜做成的美食，还将这些美食分享给了其他班级的老师和小朋友。希望他们能记住这幸福的时光，记住这快乐的味道，记住这分享的喜悦。

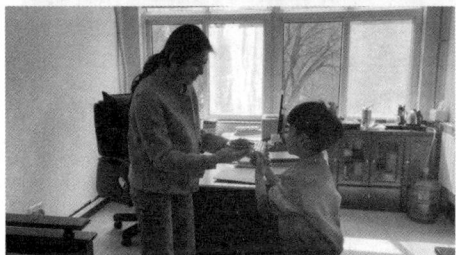

（5）一起来品尝。

虽然幼儿种下的植物还未结出果实，但是春天却有好多美食等待幼儿来了解。大班的美食品尝会开始啦！

随着主题活动的结束，幼儿把喜悦的心情用画笔画在了纸上，还制作了许多美工作品。

3. 课程总结与反思

本主题旨在通过让幼儿亲身体验农作物的种植、生长、收获等过程，培养他们的观察能力、动手能力和对自然的热爱之情。种植的乐趣无限多，丰富的教学资源就在我们身边。一株花、一棵草、一只小昆虫，就能让幼儿收获惊喜与发现。我们将继续结合食育主线，引导幼儿在课程中感受自然、对话共生、收获成长！

第六章 食育主题课程实施经验

第一节 **小班课程实施经验——我是光盘小宝贝**

3～6岁是幼儿良好饮食习惯养成的关键时期，为了让幼儿在"食"中学、在"食"中乐，养成良好的饮食习惯，根据我园生活教育理念和小班幼儿的年龄特点，我们开设了《我是光盘小宝贝》这一主题课程，并设立了《好多食物呀》《啊呜，我会吃》和《全都吃光啦》三个次主题逐步推进，潜移默化地将教育内容渗透在生活教育之中，充分调动了幼儿的多种感官，引导他们去探索"食"中的奥秘，体验"食"中的乐趣，开启了一段美好的"食"光之旅。

一、初识感知篇——《好多食物呀》

为了更好地吸引幼儿参与食育活动，我们通过幼儿感兴趣的绘本《好饿的毛毛虫》引出话题，以幼儿已有的知识经验为基础，采用谈话和讨论的方式让幼儿了解绘本中毛毛虫吃掉的各种食物，引导幼儿初步感知和了解生活中的食物大致可以分为蔬菜、水果、肉蛋奶、主食等几大类，为之后教学活动的顺利开展奠定了基础。

为了让幼儿更直观、更具体地感知食物，我们选择根据每天的食谱开展教学活动，并设计了"我的美好食光"记录表征本，引导幼儿对香菇、蒜薹、牡蛎、猪肝四种食物进行了深度的探索，让幼儿在活动中观察食物的外形、摸摸食物的外表、闻闻食物的气味、尝尝食物的味道，通过观看视频和图片了解食物的生长过程和营养成分，从而初步了解健康食物对身体的益处。同时，在活动中让幼儿动手操作了小实验，如观察生猪肝加热前后的变化。之后结合教学内容，我们为幼儿创设了活动区活动支架，引导幼儿根据自己观察到的食物在活动区中进行创意表征，运用多种生活材料，通过拓印、粘贴、拼插、团圆、搓条、压扁等多种技能制作出了不同的作品。

该活动使幼儿更加直观地感知了不同食物的特性，增加了幼儿的知识经验，同时又很好地激发了幼儿对食物的探索与研究兴趣，为后期幼儿培养良好的饮食习惯做好了经验与情感铺垫。

二、食尚礼仪篇——《啊呜，我会吃》

进餐是幼儿一日生活中的一个重要环节，也是对幼儿实施礼仪教育的重要途径。为了让幼儿养成良好的进餐习惯和进餐礼仪，开设课程的第二周，我们通过榜样示范法、谈话法、实践体验法等对幼儿实施了教育。幼儿纷纷发表了自己的意见，有的说吃饭前要正确洗手、帮大家分盘子分碗，吃饭的时候要正确使用餐具、不能说话和走动、不能挑食、要细嚼慢咽，吃完饭后将自己的餐盘和勺子分类整理好、擦嘴漱口等。在幼儿交流后，我们及时进行了小结，和幼儿一起制作了进餐礼仪展板，并根据展板内容创编了进餐礼仪儿歌。同时，在活动中我们抓住了教育的最佳时间，在就餐准备、就餐中、就餐后环节随时对幼儿进行礼仪教育，逐步培养幼儿良好的饮食卫生习惯。小餐桌，大文明，讲究卫生、爱惜粮食、食相文雅是我们的传统美德，更是传统礼仪的重要体现。我们也积极号召幼儿将在幼儿园学习的餐桌礼仪带回家，引导幼儿在家吃饭时能帮助家人摆碗筷、叠纸巾，懂得和长辈一起吃饭时要尊敬长辈，等等，做到家园同步，共同进步。

三、光盘行动篇——《全都吃光啦》

节约是中华民族的传统美德，随着"光盘"这个词的流行，越来越多的人加入光盘行动中来。为了让幼儿意识到粮食来之不易，让幼儿养成不挑食、不浪费粮食、勤俭节约的好品质，第三周我们开展了本主题最后一个次主题的活动。

我们先通过光盘行动的视频，向幼儿传达了光盘的理念。然后通过谈话、讲解，让幼儿了解到每一粒粮食都来之不易，知道要以"吃光自己盘中的饭菜"这种实际行动来节约粮食。此外，我们还发放了调查表，让幼儿了解了粮食生长的有关知识以及农民种植粮食的不易。本着以幼儿为主的原则，我们引导幼儿多思考，多表达怎样做光盘小宝贝。在谈话中我们发现，幼儿认为很快把饭吃完就是光盘，不掉饭粒就是光盘……初步有了光盘的概念和意识。

为了让幼儿更好地参与光盘行动，加深对"光盘"一词的理解，我们将光盘行动渗透到活动区，让幼儿通过制作光盘标志、设计光盘墙等活动，成为光盘理念的倡议者、宣传者。午餐时间到，经过之前的引导，幼儿都投入光盘行动中。整个教室里只听到勺子与盘碗碰撞的声音，幼儿把饭菜吃得干干净净，都骄傲地端着空盘子让老师看他们吃得有多干净。我们及时地给予幼儿表扬，幼儿更开心了。在教师的引导与鼓励下，幼儿都做到了光盘，成为光盘理念的小小践行者。

通过主题课程，我们懂得了，看似简单的吃饭问题，实际上却涵盖了食物与人的方方面面。食育不像我们普遍重视的知识教育，它是一种生活教育。幼儿在活动中感受体验，积累经验，养成了有助于自身成长的品质。食育不仅仅可以使幼儿获得知识和沟通能力，还可以培养幼儿的自我管理能力、人际交往能力和坚持不懈的品质。归根结底，食育本身并不只是为了教育，而是为了生活。这是一种回归生活的教育，更是一种回归教育的生活。

第二节　中班课程实施经验——我是开心小吃货

在这段奇妙的活动之旅中，幼儿学会了带着问题观察、探索、记录、分享，教师也学会了观察并抓住幼儿的兴趣点和关注点进行有效的教育活动，从不同角度、不同层面挖掘活动的教育价值。

一、坚持"幼儿在前，教师在后"的原则，尊重幼儿的兴趣和需要

1. 尊重幼儿的喜好，让幼儿参与调查

对于中班的幼儿而言，吃是他们的一大兴趣。一说起吃，他们就会开启小话痨模式，"老师，我最喜欢吃草莓了，它甜甜的，可好吃了""老师，我最喜欢吃炸鸡、汉堡了"……见他们兴趣高涨，我们就借机带他们一起讨论了调查表的内容，最终讨论出了幼儿最喜欢的食物、健康的食物、食物的营养价值、超市的外部结构等内容。通过调查表，幼儿对于主题活动的开展有了很大的兴趣，增加了和食物有关的经验，为主题课程的实施做好了铺垫。

2. 尊重幼儿的喜好，让幼儿充分表达、表征

第一周我们主要与幼儿讨论了他们喜欢吃的食物。谈到自己喜欢吃的食

物，幼儿的脸上都洋溢着开心的表情，有的幼儿说："因为糖果很甜，所以我喜欢吃。"我们继续追问幼儿："那你们觉得吃到自己喜欢吃的食物，心情是怎样的？"幼儿说："高兴的，开心的。"我们接着问幼儿："那你们会用什么样的动作来表达自己吃到了喜欢吃的食物呢？"幼儿说："转圈圈，比爱心，跑步。"我们引导幼儿将心情和动作用绘画的形式进行表征，丰富了我们的信息交流区。

二、多元化的活动成为主题课程实施过程中的助推剂

1. 充分挖掘食育绘本在主题课程实施过程中的价值，激发幼儿的创造性

在信息交流区，我们根据幼儿喜欢吃的食物，给幼儿投放了大量的绘本，供幼儿进行学习。食育绘本不同于其他绘本，它教会了幼儿怎样健康生活。我们通过丰富多彩的膳食绘画引起幼儿的学习兴趣，通过引读的方式立体地分析绘本。

在图书阅读区，我们引导幼儿进行有针对性的阅读，对绘本内容进行了深入的讲解。将食育主题的绘本投放到书架上，利用活动时间让幼儿自主阅读，为后面的宣讲做好了准备。

在益智游戏区，我们发现幼儿会没有目的地玩耍，不会进行角色分工，而是自己做自己喜欢做的事情。于是我们投放了《熊吃了你的三明治》绘本，让幼儿根据美食制作步骤图制作各种美食。原以为幼儿会根据绘本来翻看美食制作步骤，可是幼儿的表现却给我们上了一课。他们与绘本毫无交流，绘本放在那里，可是他们并未翻看，而是依然在做自己想做的食物，并且没有顺序。对于这一问题，刚开始我们也很纳闷。在一天吃完午餐后，幼儿在走廊玩的时候，我们发现他们很喜欢《海洋生物》这本书，于是就问："为什么你们都很喜欢这本书呢？""因为这上面有很多的鲸鱼、鲨鱼，我妈妈还带我去看过。老师你看，这里有很多图片。"这时我们才明白，原来幼儿感兴趣的是绘本的色彩和图画，一开始我们给幼儿投放的绘本文字偏多，图画偏少，所以幼儿看了一遍后并没有多大的兴趣。第二天，我们将绘本换成了《小熊做松饼》，因为这本绘本里有很详细的步骤图，色彩感也很强烈，幼儿看到后开始讨论起来，研究起了美食制作步骤。有的幼儿看到这么多的图片不知道从何看起，一个善于观察的幼儿说道："这里有数字，我们可以根据数字顺序边看边做。""嗯，这确实是一个好办法。"当幼儿遇到困难时，他们会翻看

步骤图自行解决了。我们还充分运用了家长资源，让班里会制作甜品的家长为我们提供了布丁、纸杯蛋糕的操作步骤图。有了家长的"宝典"，幼儿对益智游戏区的兴趣大大增加。

在美工制作区，我们依托绘本《最好吃的蛋糕》等，让幼儿观察、创作。一个善于观察的幼儿发现了两层的蛋糕上面一层比下面一层小这一特征，并找来两个大小不同的奶粉桶创作了一个生日蛋糕，还用各种生活材料进行了装饰，非常美观。此外，幼儿还做了比萨、冰激凌、水果罐头、纸杯蛋糕等。

通过引导幼儿阅读绘本、立体感知绘本，我们增进了幼儿与食物的感情，使得幼儿初步感知到食物的灵性，从而萌发了喜欢食物的情感。

2. 以问题为导向，与幼儿"抛接球"，引导幼儿自主探究

（1）问题1：糖究竟是健康食物还是不健康食物呢？

在第一周开心吃的基础上，幼儿对于食物已经有了一定的认知，能够说出各种各样的食物。"但是，这些食物都是健康的、可以吃的吗？"我们将问题抛给了幼儿，让他们根据食物的照片对食物进行分类。大多数幼儿都能准确地将食物进行分类，但是对于糖的分类，幼儿之间发生了争执，有的说"吃多了，牙齿会坏掉的"，有的说"那爸爸妈妈在做饭的时候还会放一点儿糖呢"，还有的说"少吃一点儿应该没事吧"。针对幼儿的分歧，我们再一次将问题抛给幼儿："那么，糖究竟是健康食物还是不健康食物呢？我们有什么方法可以解决这个问题呢？"这时有的幼儿说："我们可以回家问问爸爸妈妈。"有的幼儿说："我们也可以用电脑查一查。"根据幼儿的意见，我们在教室里用电脑进行了搜索，将搜索结果告诉了他们。原来一部分糖是健康食物，如冰糖、蔗糖、红糖等，通常会加到饭菜里，起调味作用，但是这些糖也要少量地吃。还有一部分糖是不健康食物，里面会加入一些色素，对我们的身体有不良影响，如棒棒糖、跳跳糖、棉花糖等。

（2）问题2：每种食物吃多少是健康的？

幼儿对糖已经有了一个量的概念，可是其他的食物应该吃多少呢？针对这个问题，我们及时介入了，因为幼儿没有这方面的经验，无法自行解决。

幼儿教育阶段是培养幼儿健康饮食习惯的最佳阶段，对于幼儿未来的成长具有重要意义。《3—6岁儿童学习与发展指南》中指出："为有效促进幼儿身心健康发展，成人应为幼儿提供合理均衡的营养，保证充足的睡眠和适宜的锻炼，满足幼儿生长发育的需要。"

在已有主题课程中，我们加深了幼儿对于食物含有丰富的营养的认识，带领幼儿认识了平衡膳食宝塔，引导幼儿通过绘画的方式创作了平衡膳食宝塔。

教师在教学过程中不应当单一地依赖绘本进行教学，而应当通过多元化的教学活动引导幼儿参与其中，促进幼儿健康成长。

3. 充分利用家长资源，让家长参与主题活动，形成家园联动

我们通过每天午餐的图片和食谱给幼儿直观地讲解了平衡膳食宝塔的内容。有幼儿好奇地问幼儿园的食谱是谁设计的，他觉得这个人很厉害。一个偶然的机会，幼儿发现了食谱上的数字，纷纷讨论起数字代表什么，有的说是重量，有的说是星期几，有的说代表食物的量，比如几个馒头。针对这一问题，我们利用家长资源，邀请了一位有经验的妈妈栾老师到班上为幼儿讲解每天所需食物的摄入量，并告诉幼儿幼儿园的食物都是低糖低盐的，对调味品也都有严格的管控。

听完讲解，幼儿收获颇丰。随后，我们进行了家庭饭菜大排查活动，让幼儿自己排查家中的饭菜是否健康营养。我们拿出收集到的照片与幼儿一起探讨，讨论食物的营养搭配，引导幼儿根据平衡膳食宝塔和栾老师讲解的每天应摄入的食物的量，回家后与爸爸妈妈一起设计家庭健康食谱。家长纷纷反映，幼儿通过本主题的活动，对食物的营养价值有了初步的了解，一定程度上改善了吃饭挑食的问题。

4. 亲身体验、动手操作，让主题活动回归幼儿生活

（1）结合元旦迎新年，我们与幼儿共同选择出了他们最想要制作的美食——饺子。在活动前，我们带着幼儿一起熟悉了饺子的包法；在活动中，我们带领幼儿了解了饺子的来历、饺子的花样包法。

（2）有了以往的经验，幼儿对于健康饮食已经有了一定的了解，于是我们引导幼儿到对口班宣讲学到的知识。接到通知，幼儿很高兴，开始为自己的宣讲做准备，有的幼儿说："我给他们讲解平衡膳食宝塔，让小班的弟弟妹妹们了解食物的营养价值，这样他们就会多吃蔬菜，长身体。"有的幼儿说："我要给他们讲健康的食物和不健康的食物，让他们少吃垃圾食品。"有的幼儿说："我要讲饺子的来历和如何包饺子。"有的幼儿说："老师给我们上课的时候都是有图片的，我们是不是也需要图片呢？"于是，我们将幼儿要宣讲的内容做成了课件，让他们看着课件上的图片给小班的幼儿宣讲。另外，我们还制作了一张海报，这样能够更清楚直观地进行讲解。

三、反思与成长

1. 更加重视午餐播报和就餐氛围的营造

现在，每天的午餐播报环节，幼儿都很开心。午餐播报的目的是让幼儿清楚吃什么，食物有哪些营养价值，并鼓励幼儿进行光盘行动。在幼儿进餐过程中，播放轻音乐营造轻松、愉悦的氛围，会使幼儿感受到安全与放松。

教师的指导与鼓励要有度，不能为了让幼儿吃饱吃好，而忽视幼儿的心理感受和身体需要，要有耐心、爱心和责任心，看到吃饭有进步的幼儿，要对他悄悄竖起一个大拇指，这样既保证了就餐时安静、愉悦的氛围，又保护了幼儿的自尊心，因为吃饭挑食的幼儿是不希望被公开的。

2. 教师以退为进，观察、分析在前，指导在后

有了让幼儿自主参与课程的理念，教师只要把握核心方向即可，要学会适当放手，让幼儿自主参与，激发他们想要吃饭的内在需要。

餐后"三到"，即嘴巴擦到，牙齿刷到，餐后活动参加到。餐后的这些活动对于幼儿的身体健康非常重要。

民以食为天，精准食育路。食育课程能够让幼儿以游戏的方式获取健康饮食的知识，让幼儿成为活动的主人。

第三节　大班课程实施经验——在食育中体会人文温度

食是中国传统文化中不可忽视的一部分，人们从美食中感受到人文情怀的温度，领略了中华文化的厚重。食育文化源远流长，既有"吃过夏至面，一天短一线"等与二十四节气相应的饮食知识，又有"孔融让梨"等寓意做人应该懂得礼让的经典故事，还有"饮食贵有节，做事贵有恒"的人生智慧……为此，我们创设了《我是冬日小园丁》主题课程，本主题课程的建构与活动的实施以"食农"为主要途径，通过种植、观察、发现、收获四个层面逐步推进，引导幼儿在农、观、乐、礼中自主探索和发现，体验从播撒种子、照料植物、收获到制作美食的全过程。

一、有温度的主题框架

教师与幼儿共同探讨了对于小园丁的理解，让幼儿根据交流结果自己表征并制作了主题的网格展板。这次的主题框架抛弃了原有的打印图片这种我们认为比较冰冷的形式，改成了幼儿表征的有温度的图片。幼儿更愿意交流自己绘画的内容，这让幼儿之间有了沟通，他们会向同伴介绍自己绘画的内容、表征的符号。这在无形之中也是一种学习。

二、试错的过程就是探索的过程

在开展种植活动时，从对小组成员的选择、标志牌的制作到标志牌的放置，都让幼儿参与。教师只是引导，告诉幼儿要种植什么植物。当然幼儿在自主种植的时候会出现很多问题，我们会让他们试错，但在后期讲评的时候会进行总结。在试错的过程中，他们会根据积累的经验，寻找解决问题的办法。

三、从幼儿的兴趣出发

在每个种植活动结束后，我们都会选择幼儿感兴趣的内容进行深入的了解。比如，他们对幼儿园里的石磨感兴趣，对豆子变成豆腐感兴趣，我们就一起学习《舌尖上的中国》，学习有关豆腐、麻婆豆腐的知识，并让他们用连环画的形式进行表征。幼儿对于植物的生长产生了浓厚的兴趣，他们每天最大的快乐就是和同伴一起照顾自己的植物朋友。

四、主题下的小惊喜——自己制作主题展板

我们决定让幼儿充分利用班本材料，自己制作主题展板。一开始，对于他们的能力，我们充满怀疑，怕他们浪费材料，怕他们做不好。但是我们还是决定让他们尝试一下。活动前，我们给他们提供了牛皮纸和纸壳，也给他们讲解了制作步骤。活动时，有幼儿对我们提供的材料产生了不满："老师，我不喜欢这个牛皮纸，我想用报纸制作。"说实话，我们对于这个不满的声音的第一反应是吃惊，最后我们还是同意了他选择自己喜欢的材料进行制作。我们发现桌子变得凌乱不堪后，打断了他们的创作，他们自己寻找垃圾桶开始收拾桌面。待所有幼儿制作完成后，我们对他们进行了启发："还可以用什

么纸进行制作？"他们纷纷开启了头脑风暴，开始寻找自己喜欢的纸重新进行展板制作。最终结果令我们赞叹——大小相近的方格，紫色图案和粉色图案有规律地排列……把自主权还给幼儿，激发了他们无限的潜能。

五、好朋友，我想办法照顾你

我们认为食育主题课程不仅是种植植物、收获果实，还应该让幼儿真正地把植物当作自己的好朋友。植物的生长需要阳光和水，幼儿周末回来发现豆芽因为缺水干枯了，蘑菇的菌棒也因为缺水发黄了，这让他们很失望。怎么才能解决这个问题呢？这就变成了我们需要共同研究的问题。我们和幼儿共同讨论，然后让幼儿分组讨论解决，把自主权还给幼儿，让他们勇敢地去尝试。

幼儿开始寻找解决问题的办法，在试错的过程中学习知识、积累经验，并真的把植物当成了自己的好朋友。植物长大时，他们惊喜；植物死亡了，他们伤心。

从刀耕火种到科技务农，从茹毛饮血到用心烹饪，食物见证着时代前进的步伐，养育着这片土地的儿女。食育就是回归生活的教育，也是一种回归教育的生活。在食育主题课程中，我们学习智慧，感受关怀，推动时代的发展。

参考文献

[01] 徐莹晖，王文岭. 陶行知论生活教育 [M]. 成都：四川教育出版社，2010.

[02] 陈秀云，陈一飞. 陈鹤琴文集 [M]. 南京：江苏教育出版社，2007.

[03] 虞永平. 学前课程与幸福童年 [M]. 北京：教育科学出版社，2012.

[04] 虞永平. 生活与幼儿教育 [M]. 合肥：安徽少年儿童出版社，2011.

[05] 冯晓霞. 幼儿园课程 [M]. 北京：北京师范大学出版社，2001.

[06] 顾荣芳. 学前儿童健康教育论 [M]. 3 版. 南京：江苏教育出版社，2009.

[07] 王颖娴，蔡丹娜，胡佳. 幼儿园食育：园本化课程的开发 [M]. 杭州：
浙江大学出版社，2022.

[08] 张秋萍. 幼儿园食育课程指导 [M]. 郑州：河南人民出版社，2018.

[09] 周念丽. "活教育"中的食育 [M]. 上海：复旦大学出版社，2020.

[10] 李里特. "食育"是国民健康的大事 [J]. 中国食物与营养，2006（3）：
4-7.

[11] 张秋萍. 幼儿园食育课程的构建与实施 [J]. 学前教育研究，2018（8）：
70-72.

[12] 白宇. 日本幼儿食育研究 [D]. 辽宁：辽宁师范大学，2015.

[13] 庄思微，蔡棉娟. 推行园本食育课程培养幼儿健康饮食习惯 [J]. 教育
教学论坛，2019（8）：275-276.

[14] 纪巍，毛文娟，代文彬，等. 关于我国推进"食育"的思考 [J]. 教育
探索，2016（2）：38-41.

[15] 刘迎晓. 父母教养方式对 3～6 岁幼儿饮食行为的影响 [D]. 石家庄：
河北师范大学，2016.

[16] 刘德泽. 3～4 岁幼儿进餐教育现状研究：以南京市某幼儿园为例 [D].
南京：南京师范大学，2018.